KreativReise BERLIN

City-Touren zu den Hotspots für Kreative
– mit stylischen D.I.Y.-Ideen

Inhalt

Kreativ in Berlin

„Janz Berlin ist eine Reise wert", warb Erhard Krack, in der Wendezeit Ost-Berlins Bürgermeister. Und das ist heute noch genauso wie damals. Selbst wenn die Stadt schwer zu fassen ist: Mal präsentiert sie sich glamourös und mondän, dann wieder schmuddelig und urig – aber immer spannend. Hier lassen sich ganze Wochenenden fernab des Alltags erleben, ohne dass Langeweile aufkommt.

Franziska

Da Berlin auch für den entdeckungsfreudigsten Besucher zu groß ist, um es an wenigen Tagen zu erleben, haben wir uns sechs Cityspaziergänge ausgedacht. So verschieden die Touren sich auch präsentieren, sie haben doch eines gemeinsam: Vielfalt wird überall ganz groß geschrieben!

In jedem Stadtteil zeigen wir euch die schönsten D.I.Y.-Stätten, die inspirierendsten Läden mit oft selbst gemachten Produkten, viel Kulinarisches sowie schöne Plätze zum Verweilen und Beobachten des bunten Treibens.

Außerdem stellen wir euch einige kreativschaffende (Wahl-)Berliner vor, die über „ihr Berlin" und ihre Inspirationsquellen erzählen. Sie – und auch wir – zeigen zudem Do-it-Yourself-Projekte, mit denen man sich für die Reise hierher „flott" machen oder ein Stück Berlin nach Hause holen kann.

Bianka

Hat euch die Abenteuerlust gepackt und habt ihr Rucksack und ein bisschen Kleingeld parat? Dann begleitet uns und seht, welche Plätze und Orte wir besonders lieben, wo wir uns mit Selbermach-Material eindecken und was wir euch sonst noch unbedingt zeigen wollen!

Tipps für den Berlin-Besuch

Tourdauer

Wir empfehlen, sich einen Tag Zeit pro Tour zu nehmen. Die reine Gehzeit ist bei allen Touren angegeben und fällt kürzer aus, aber wer genug Zeit zum Stöbern, Shoppen, Genießen und auch mal für ein Päuschen haben möchte, sollte etwa drei- bis viermal so viel Zeit veranschlagen.

Spätstarter

Berlin sagt man zwar nach, dass die Stadt niemals schlafen würde. Dem ist aber nicht so, denn vor 11 Uhr ist es in den meisten Kiezen unserer Stadttouren eher verschlafen und vieles hat noch nicht geöffnet. Dafür haben die Geschäfte abends meist länger offen.

Abkürzungen im Buch:

S = S-Bahn
U = U-Bahn
Tram = Straßenbahn
M = Metrotram

Tour vorbereiten

Unsere Touren führen zu den interessantesten Plätzen für kreative Selbermacher, wobei oftmals Sehenswürdigkeiten ganz in der Nähe liegen bzw. von der Tour aus gut erreichbar sind. Wir empfehlen daher, die Tourpläne vorab genau anzuschauen und nach eigenem Wunsch Abstecher einzuplanen.

Die Öffnungszeiten und Adressen der Orte, die man unbedingt besuchen möchte, sollten vor der Reise noch einmal geprüft werden. Um vor Enttäuschungen bewahrt zu werden, am besten bei den Lieblingsläden anrufen, denn manche Kreativstätten gestalten auch die Öffnungszeiten kreativ.

Online informieren

Wer sich vorab seine eigenen Highlights setzen möchte, der kann sich online belesen. Das ist insbesondere für Kulturelles sinnvoll, weil unser Kreativführer darauf weniger Augenmerk legt.

www.top10berlin.de Highlight-Listen zu Kultur, Currywurst, Kinderspaß – bis hin zu den 10 besten Tatort-Viewing-Bars.

www.berlin.de Das offizielle Hauptstadtportal. Trotz nüchterner Gestaltung sehr informativ.

www.gratis-in-berlin.de Täglich neue Tipps, wo man Konzerte, Ausstellungseröffnungen, Improvisationstheater, Spieleabende und vieles mehr kostenlos erleben kann.

Anreise

Vom **Flughafen Schönefeld (SXF)**, südöstlich von Berlin, fahren S-Bahnen im 20-Minuten-Takt in die City (S9 und S45). Die Fahrtzeit ins Zentrum beträgt 30–45 Minuten zuzüglich eines kleinen Fußmarsches zwischen Terminal und S-Bahn-Station.

Vom **Flughafen Tegel (TXL)**, im Nordwesten und so ziemlich mitten in der Stadt gelegen, fahren Shuttle-Busse im 10-Minuten-Takt. Der Bus TXL verbindet den Flughafen direkt mit dem Hauptbahnhof und Alexanderplatz. Der X9 verbindet den Flughafen mit dem S- und U-Bahnhof Zoologischer Garten. Für die Fahrt sollten 45–60 Minuten ab Stadtmitte kalkuliert werden, da der Bus zum regulären Netz gehört und viele Haltestellen hat.

www.berlin-airport.de

Fernbusse kommen am Südkreuz oder am ICC/ZOB Messegelände an, **Fernzüge** meist am Hauptbahnhof, Ostbahnhof, Südkreuz oder Gesundbrunnen. Wer nach Schöneberg oder Neukölln möchte, der sollte die Station Südkreuz wählen; für alle anderen Stadtteile ist es relativ egal.
Allgemein ist der Alexanderplatz ein guter Ausgangspunkt zu allen Zielen in der City. Mit der U8 Richtung Hermannplatz gelangt man nach Neukölln und Kreuzberg; mit U8 Richtung Wittenau nach Mitte (Weinmeisterstraße, Rosenthaler Platz). Für Prenzlauer Berg nimmt man die U2 Richtung Pankow zur Eberswalder Straße; für Schöneberg die Gegenrichtung bis Nollendorfplatz.
Nach Friedrichshain kommt man mit der S5, S75, S7 oder S3 Richtung Strausberg Nord, Wartenberg, Ahrensfelde oder Erkner. In die Gegenrichtung gelangt man schnell zum Hackeschen Markt (Mitte) oder zum Hauptbahnhof.
S75, S5 (Haltestelle Westkreuz) und U2 (Haltestelle Kaiserdamm) verbinden das ICC/ZOB Messegelände mit der Innenstadt.
www.bvg.de

Öffentliche Verkehrsmittel

Das Streckennetz der Berliner Verkehrsbetriebe ist so dicht, dass das nächste öffentliche Verkehrsmittel höchstens 500 Meter entfernt liegt. Und kurioserweise braucht man, egal welchen Ausgangs- und Zielpunkt man hat, immer in etwa 35–45 Minuten, um dorthin zu gelangen.
Tageskarten sind in Berlin, auch gemessen an der Größe des Netzes, sehr günstig. Mit derzeit unter sieben Euro kann man in der Tarifzone AB (Stadtzentrum) den ganzen Tag mit S- und U-Bahn, Bus und Tram beliebig oft hin- und herfahren. Manche Busse, wie die Linien 100 und 200, eignen sich auch für Stadtrundfahrten.
Die Berliner Verkehrsbetriebe (BVG) bieten auch eine App an, über die man sich jederzeit über Fahrpläne, Preise und Fahrtrouten informieren sowie Handytickets erwerben kann.
www.bvg.de.

Allen, die auch Sehenswürdigkeiten besuchen wollen, empfehlen wir die **Berlin Welcome Card**. Man kann sie vorab online oder in Berlin in Tourist-Informationen und an BVG-Fahrscheinautomaten erwerben. Fahrten im Nahverkehr sind enthalten, außerdem erhält man Vergünstigungen auf viele Eintrittspreise.
www.berlin-welcomecard.de

Sightseeing mit Bus und Boot

Wer keinen Wert darauf legt, überall einmal drin gewesen zu sein, sondern wem das Angucken und ein paar Hintergrundinfos über die Historie genügen, dem legen wir eine typische Sightseeing-Tour im **Doppelstock-Bus** ans Herz. Solche Touren starten rund um den Alexanderplatz oder an der Haltestelle Unter den Linden nahe dem Brandenburger Tor.
Auf eigene Faust fährt man im Linienbus 100 oder 200 entlang der wichtigsten Sehenswürdigkeiten. Einsteigen sollte man entweder am Alexanderplatz oder am Zoologischen Garten (siehe auch Seite 101).
Besonders spaßig und absolut empfehlenswert sind die Touren mit Edith Schröders Comedy-Bus am Freitag- und Samstagabend. Karten sollte man weit im Voraus buchen, denn die Bustouren von Edith und ihren Freundinnen sind stets bestens besucht.
www.comedy-im-bus.de

Im Sommer kann man Berlin auch vom **Boot** aus entdecken. Wir

empfehlen eine Brückenfahrt von 3–3,5 Stunden. Wenn die Stadt sommerlich aufgeheizt ist und man mit einem kühlen Getränk in den Abend schippert – wunderbar! Am besten startet man bei der Anlegestelle hinter der East Side Gallery. Die komplette Tour kreuzt die Stadtteile Mitte, Moabit, Tiergarten, Schöneberg, Kreuzberg, Neukölln und Friedrichshain. Es gibt auch halbe Touren, die günstiger sind – und wenn man bei der East Side Gallery startet, hat man bei diesen auch schon beachtlich viel gesehen und gehört über Berlin.

www.reederei-riedel.de

Taxi und App

Taxis kann man an jeder größeren Straße einfach per Winken anhalten. In Gegenden mit vielen Clubs und Bars stehen davor meist Taxis bereit.

Taxi Berlin 030 202020

Alternativ kann man es auch stets mit **Bus und Bahn** wagen. Dazu empfehlen wir die App „Take Me Home". Diese lokalisiert den Standort und schlägt Heimwegrouten vor.

Schwimmen und Strandbar

Wer im Sommer mal ins kühle Nass springen möchte, dem empfehlen wir zwei Berliner Stadtbäder besonders. Mit der S-Bahn S1 kommt man direkt zum **Wannsee** – hier mit einem Gläschen Prosecco im heiß begehrten Strandkorb zu sitzen, das ist wie Strandurlaub. Zissy liebt es, ihren Geburtstag so zu verbringen. Genauso schön und mitten in der Stadt gelegen, ist der **Weiße See**. Hierher gelangt man mit den Metrotrams M4, M13 oder der Tram 12 bis zur Haltestelle Indira-Ghandi-Straße.

www.berlinerbaeder.de

Mit Kindern unterwegs

Die Stadtteile **Prenzlauer Berg, Schöneberg** und **Friedrichshain** sind vor allem in Sachen Spielplätze und Eisläden sehr kinderfreundlich. Ehe die Tour zur Tortur wird für mäkelige kleine Esser, ist es in Neukölln und Kreuzberg ratsam, ein belegtes Brot einzustecken, falls der Hunger allzu spontan kommt. Viele Köstlichkeiten sind hier exotisch und gut gewürzt, was nicht jedes Kind mag.

Wer mit Kindern unterwegs ist, sollte die Touren auf zwei Tage aufteilen, denn sie sind durchaus laufintensiv – vor allem für kurze Beine.

Übernachten in Berlin

Vom Hostel bis zum feinen Boutique-Hotel – Übernachtungsmöglichkeiten gibt es in Berlin reichlich. Welche aber ist besonders kultig, originell oder nachhaltig? Wir haben einige Häuser nahe unserer Tourrouten getestet.

Vom Frühstück über das Pflegeprodukt bis hin zum Interieur, im **ALMODÓVAR HOTEL** wird Nachhaltigkeit gelebt. Im Wellnessbereich mit Sauna und Blick über Friedrichshain kann man herrlich entspannen. Im hauseigenen Bistro Bardot wird leckere, vegetarische Mittelmeerküche mit Speisen und Getränken aus kontrolliert biologischem Anbau serviert.

ALMODÓVAR HOTEL · Boxhagener Str. 83 · 10245 Berlin-Friedrichshain · Tram 21/M13; Bus 240 (direkt am Haus), S Ostkreuz (10 Minuten Fußweg) · www.almodovarhotel.de · 030 692097080

Zwischen Hauptbahnhof und Friedrichstraße liegt das bezaubernde **ARTE LUISE KUNSTHOTEL**. In den 1990er Jahren als Künstlerprojekt gestartet, ist es heute ein komfortables Hotel für Individualisten in Sichtweite des Reichstagsgebäudes und der Spree. Jedes der 50 Zimmer ist von einem anderen Künstler gestaltet. In der Tradition des Künstlerheims

Luise gibt es auch einige preisgünstige Mansardenzimmer.

ARTE LUISE KUNSTHOTEL · Luisenstr. 19 · 10117 Berlin-Mitte · Bus TXL Karlplatz, S/U Friedrichstr. · www.luise-berlin.de · 030 284480

Nahe unserer Schöneberg-Route befindet sich in einem Gründezeit-Bau aus dem 19. Jahrhundert das hübsche **BERLINER Bed & Breakfast**. Die sechs einfach ausgestatteten Zimmer wurden erst kürzlich renoviert und liegen zu einer ruhigen Seitenstraße.

BERLINER Bed & Breakfast · Langenscheidtstr. 5a · 10827 Berlin-Schöneberg · U7 Kleistpark · www.berliner-bed-and-breakfast.de · 030 24373962 und 0176 41038142

Vom **THE CIRCUS HOSTEL** am quirligen Rosenthaler Platz sind die Höfe am Hackeschen Markt und unsere Flohmarktempfehlungen nur einen Katzensprung entfernt und das Nachtleben in Kreuzberg und Neukölln bequem per U-Bahn erreichbar. Das Übernachtungsangebot reicht vom Mehrbettzimmer bis zum Studio-Apartment mit Panoramablick. Gegenüber liegt das Circus Hotel. Beide Kult!

THE CIRCUS HOSTEL · Weinbergsweg 1a · 10119 Berlin-Mitte · U8 Rosenthaler Platz · www.circus-berlin.de · 030 20003939

Ob Campingwagen, Berghütte, Palast oder normales Hotelzimmer – der **HÜTTENPALAST** liegt in einer ehemaligen Fabrik im Szeneviertel Kreuzkölln und vereint verschiedenste Übernachtungsmöglichkeiten unter einem Dach. Tipp für rauschende Feste: Die Fabrikhalle mit „Kleine Schwester", „Berghütte" & Co. mieten und eine Indoor-Camping-Party feiern.

HÜTTENPALAST · Hobrechtstr. 65–66 · 12047 Berlin · U8 Hermannplatz · www.huettenpalast.de · 030 37305806

In einem typischen Berliner Wohnhaus aus dem 19. Jahrhundert kann man in stilvollem Design-Ambiente im Bed & Breakfast **LINNEN** übernachten. Unsere Prenzlauer Berg-Tour führt ganz in der Nähe entlang und der Mauerpark mit dem beliebten Sonntagsflohmarkt liegt nur wenige Minuten entfernt.

LINNEN · Eberswalder Str. 35 · 10437 Berlin-Prenzlauer Berg · U2 Eberswalder Str. · www.linnenberlin.com · 030 47372440

An unserer Tourstrecke Friedrichshain zwischen Warschauer Brücke und East Side Gallery liegt das szenige **MICHELBERGER HOTEL**. In der gemütlichen Lounge trifft sich internationales Publikum, häufiger gibt es hier auch Live-Musik. Die Zimmer sind originell gestaltet, die Betten superbequem – und schon die fantastische Website des Hotels macht richtig Spaß.

MICHELBERGER HOTEL · Warschauer Str. 39/40 · 10243 Berlin-Friedrichshain · U1/S5, 7, 75 Warschauer Str. · www.michelbergerhotel.com · 03029778590

Zimmer mit Ausblick im Arte Luise Kunsthotel.

Am Hackeschen Markt befindet sich das schicke Boutique-Hotel **MONBIJOU**. Von der Dachterrasse hat man einen herrlichen Blick auf Berliner Dom und Fernsehturm. Die Einzelzimmer sind sehr klein, aber wie der Rest wunderschön eingerichtet – und wir erwarten in dieser Kulisse, jeden Moment auf Mr Darcy zu treffen.

MONBIJOU HOTEL · Monbijouplatz 1 · 10178 Berlin · S5, 7, 75 Hackescher Markt · www.monbijouhotel.com · 030 61620300

Mit einem innovativen Konzept wartet **MY PLUS ONE** auf. Hier kann man eine stylische Gästewohnung und gleich noch einen persönlichen Reiseführer dazu buchen. Die Wohnung liegt im Szenebezirk Neukölln nahe dem Hermannplatz und ist der perfekte Ausgangspunkt, um auf einer Tour mit einem Local Berliner Geheimtipps zu erkunden.

MY PLUS ONE · Reuterstr. 28 · 12047 Berlin-Neukölln · U8 Hermannplatz · www.myplusone.net

Friedrichshain

Friedrichshain (ehemals Ost-Berlin) ist wohl derzeit der alternativste Ortsteil Berlins und ein absolutes Szeneviertel, in dem die Gentrifizierung unaufhaltsam voranschreitet. Früher eigenständig, kam es 2001 zu einer Fusion mit dem Bezirk Kreuzberg (ehemals West-Berlin) und es entstand der Verwaltungsbezirk Friedrichshain-Kreuzberg. Die Grenze bildete dabei weitestgehend die Spree im Süden von Friedrichshain. Die Oberbaumbrücke ist das Wahrzeichen von Friedrichshain-Kreuzberg.

Friedrichshain erhielt seinen Namen durch den Volkspark Friedrichhain, der im Norden des Ortsteils zwischen den Stadtteilen Prenzlauer Berg, Mitte und Friedrichshain liegt. Besonders empfehlenswert ist dort ein Abstecher zum Märchenbrunnen oder ein Besuch im Open-Air-Kino, welches im Sommer täglich geöffnet hat.

Friedrichshain war in den 1920/30er Jahren ein sozialdemokratisch und kommunistisch geprägter Stadtteil, was immer wieder zu Unruhen führte. Bis heute geht es hier politisch zu. Nach der Wende entwickelte sich eine ausgeprägte Hausbesetzerszene – was auch immer wieder zu Räumungen führte. So wird man im quirligen Friedrichshain kein Ende finden, alle Spuckies (Aufkleber) und Graffitis mit Statements zu lesen. Aber das ist typisch für diesen Stadtteil und prägt das Bild und das Flair der Straßenzüge. Ansonsten wirkt der Szenebezirk sehr studentisch und von allen Subkulturen durchmischt. Dadurch findet man hier einen bunten Mix aus verschiedensten Lädchen und Kneipen, die den Stadtteil derzeit zum Szenebezirk machen.

KreativTour Friedrichshain

Unsere Friedrichshain-Tour führt vom S-Bahnhof Ostkreuz zum Boxhagener Platz. Wir erkunden den beliebten Boxi und die Straßenzüge drumherum, bevor wir zur Eventlocation RAW-Gelände und schließlich zu einem noch erhaltenen Streifen der Berliner Mauer gelangen, der berühmten East Side Gallery.

1 Perlerei
2 Tres Cabezas y Amigos
3 Herr Nilsson Godis
4 Agüevo!
5 Gingersboat
6 Nähcafé Kinkibox
7 Eispiraten
8 Café Pavillon
9 Trödelmarkt am Boxhagener Platz
10 Weder gestern noch morgen
11 Zozoville Gallery
12 Aufschnitt Berlin
13 Kino Intimes
14 Heimat
15 Hausfreund
16 Schoene Schreibwaren
17 Elfida
18 Buchbox!
19 Lisboa Bar

20 Al-Gazali
21 Burgeramt
22 Frieda Hain
23 Dollyrocker
24 Siebenschön
25 Schwesterherz
26 Strawbetty
27 Wollen
28 Stadtengel
29 Wertstück Flickli
30 YackFou
31 Big Brobot
32 K.W.D.
33 Wahrhaft Nahrhaft
34 RAW-Gelände
35 Creative Lab Urban Spree
36 Monster Ronson's Ichiban Karaoke
37 East Side Gallery

- Handmade/D.I.Y.
- Shopping
- Essen/Trinken
- Unterhaltung

ca. 150 m

Tourlänge: ca. 6,8 km

Reine Gehzeit: ca. 2 Stunden

KreativKopf: Franziska Heidenreich

Bastelt, gestaltet, lehrt und schreibt Bücher.

Ein gutes Tässchen Kaffee ist immer willkommen.

Eigentlich nennt sie jeder nur Zissy. Und Zissy macht Bücher, Bücher, Bücher; oft übers Nähen, Häkeln und Stricken. Immer wieder gerne für Kinder – und ganz oft mit Bianka Langnickel (siehe Seite 82) zusammen. Gemeinsam sind sie Zweieck.

? Wie seid ihr auf den Namen Zweieck gekommen?

Wir sind zwei und haben unsere charmanten Ecken und Kanten – jeder seine, aber zusammen ergänzen wir uns total gut. Außerdem lädt das Wort Zweieck sofort dazu ein, darüber nachzudenken, wie dieses wohl aussehen mag. Diese geometrische Form gibt es übrigens tatsächlich: Sie sieht aus wie eine Linse im Querschnitt.

? Du beherrschst die verschiedensten Kreativtechniken. Wo hast du das alles gelernt?

Alle Handarbeits- und Basteltechniken habe ich mir selbst angeeignet. Ich hab mich als „kleine Zissy" schrecklich dauergelangweilt. Alles begann damit, dass ich als Schulkind meinen Barbies Hosen genäht habe, von Hand. Ich wollte nicht verstehen, warum die nur rosa Tüllkleider tragen sollten. Damals, in den 1980ern, hatte Barbie noch keine stylischen Jeans in ihrem pinken Kleiderschrank.

Franziska.Heidenreich@googlemail.com

Kunterbunte Kuschel-Sweeties made by Zissy für ein Häkelbuch für Kinder.

Zissys Lieblingsplätze:

Frühstück: am liebsten stundenlang mit Freunden auf meinem eigenen Balkon

Shopping: im MODULOR am Moritzplatz
Prinzenstr. 85 im Aufbau Haus (Kreuzberg)

Unterhaltung: MAXIM GORKI THEATER
Am Festungsgraben 2 (Mitte)

Drink: einen fruchtigen Bahama Mama in der DACHKAMMER Simon-Dach-Str. 39 (Friedrichshain)

Restaurant: Tapas im LAS PRIMAS
Wrangelstr. 54 (Kreuzberg)

Nightlife: RAUSCHGOLD – Bar mit proseccolaunigen Dragqueens, super Service und einem unterhaltsamen Programm Mehringdamm 62 (Kreuzberg)

Floh-/Trödelmarkt: sonntags am ARKONAPLATZ
(Mitte)

? Heute schreibst du Bücher. Was sonst noch?

Ab und an mache ich etwas Grafisches, außerdem halte ich Vorlesungen im Bereich Ästhetik. Ich bin Diplom-Kommunikationspsychologin und davor habe ich eine Ausbildung zur Grafikerin gemacht.

? Wo findest du Inspirationen?

Die Dinge fallen mir einfach so ein! Ich bin scheinbar mit unendlicher Geduld zum Rumprobieren und einer immerwährenden kindlichen Fantasie auf die Welt gekommen. Ansonsten beobachte ich sehr gern – Berufskrankheit. Mein süßer Sohn Julius inspiriert mich mit seinen verrückten Ideen natürlich auch. Außerdem halte ich immer die Augen offen. Und wenn gar nichts mehr geht, dann schaue ich meinen Lieblingstrickfilm „Alice im Wunderland“.

? Warum Berlin? Was liegt hier in der Luft?

Ich bin hier am Stadtrand geboren und nach vielen Umzügen zurückgekommen. In Berlin darf jeder sein, wie er ist, deshalb kann man hier viel darüber lernen, was alles möglich ist. Das finde ich sehr toll.

Sohn Julius vor D.I.Y. Street Art.

Schlemmereien und Party

Tour Friedrichshain

Im Szeneviertel Friedrichshain finden Selbermacher nur wenige Materialläden, dafür aber viele kleine Labels, deren einzigartige Entwürfe in Lädchen zwischen charmanten Cafés, Plattenläden und Mini-Kinos entstehen.

Unterführung am Ostkreuz.

„Wasserräder" der Berliner Künstlerin Christine Gersch.

S-BAHNHOF OSTKREUZ · S3, S41, S42, S5, S7, S75, S8, S85, S9 · Ausgang Sonntagstraße

Los geht es am **S-Bahnhof Ostkreuz,** einem der am stärksten frequentierten Umsteigebahnhöfe Berlins. Dorthin findet man ganz einfach, weil jede Ost-West-Verbindung der S-Bahn hier hält. Meistens ist hier Baustellen-Atmosphäre, aber davon sollte man sich nicht täuschen lassen, weil bereits hinter der Unterführung (nördlicher Ausgang) der Berliner Bär wahrlich steppt – besonders in den Abendstunden.

Wir gehen durch die Unterführung und stehen auf der Sonntagstraße mit dem **Lenbachplatz** linksseitig davon. Dieser ist ein beliebter Treffpunkt zum Verweilen, etwas aus der Hand zu essen, einen Schluck zu trinken – und später in die hiesigen Clubs zu ziehen. **Auf dem Spielplatz** bewundern wir die Mosaikskulpturen von Christine Gersch.

Zissy ist überzeugt: Den besten Kaffee Berlins gibt es im Tres Cabezas y Amigos.

Wir gehen zurück und folgen der Lenbachstraße. Wer auf Perlen und Schmuck steht, dem wird hier das Herz aufblühen, wenn er etwa mittig der Straße die 1 PERLEREI kreuzt. Das ist eine offene Schmuckwerkstatt, in der man nicht nur eigene Schmuckstücke unter professioneller Anleitung anfertigen, sondern auch Perlen in allen Größen und Farben kaufen kann.

Am Ende der Lenbachstraße wartet auf der Straßenseite gegenüber der, unserer Meinung nach, beste Fairtrade-Kaffee Berlins. Kaffee gehört quasi zu unseren Grundnahrungsmitteln. Im 2 TRES CABEZAS Y AMIGOS gibt es Kaffee aus aller Welt. Wir empfehlen den Genuss des hauseigenen Blends „Wild at Heart". Von den Inhabern kommt auch der „Berlin Kaffee", den es mittlerweile in jedem Berliner Kaiser's-Supermarkt gibt. Zissy meint: Der beste Kaffee der Welt!

Noch im Kaffeeglück gehen wir wieder **zurück über die Straße und biegen in die Wühlischstraße ein.** Auf dem kleinen Eckplatz steht Christine Gerschs Mosaikskulptur „Sternenwächter" und gegenüber winkt schon die nächste Köstlichkeit. Bei 3 HERR NILSSON GODIS gibt es skandinavische Süßigkeiten als lose Ware. Wie war das doch gleich? Gebt den Affen Zucker?
Nachdem wir genug Süßigkeiten getankt haben, ziehen wir weiter die Wühlischstraße entlang, vorbei an einem Spielplatz und dem Wühlischplatz, vor dem ein niedlicher Nilpferdbrunnen steht.

Wer jetzt schon so richtig hungrig ist, dem empfehlen wir einen Stop im 4 AGÜEVO! einzulegen. Das mexikanische Spezialitätenlokal ist liebevoll mit knallbunten Interieurs, süßen Piñatas und Zuckerköpfen gestaltet und bietet richtig gutes Essen – sogar die eine oder andere vegane Köstlichkeit.

Bunt und lecker: Agüevo!

Paradies für Naschkatzen: Herr Nilssons Godis.

PERLEREI · Lenbachstr. 7 · S Ostkreuz · www.perlerei.de · 030 97882028 · Di-Fr 14–20 Uhr, Sa 12–18 Uhr

TRES CABEZAS Y AMIGOS · Boxhagener Str. 74 · M13 Boxhagener Straße · www.trescabezas.de · 030 29047470 · Mo-Fr 8–20 Uhr, Sa/So 9–20 Uhr

HERR NILSSON GODIS · Wühlischstr. 58 · M13 Boxhagener Str. · www.herrnilsson.com · 030 54594585 · Mo/Di 11–19 Uhr, Mi-Fr 11–20 Uhr, Sa 12–18 Uhr, So 13–18 Uhr

AGÜEVO! · Wühlischstr. 12 · M13 Wühlisch-/Gärtnerstraße · www.aguevo.de · 030 3385 3395 · Mo-Do 12–23 Uhr, Fr-Sa 12– open end, So 12–23 Uhr

Stylisch wie Zissy: Das Haarband ist schnell selbst genäht.

D.I.Y. siehe Seite 136

Blick in die Werkstatt im Gingersboat.

Danach geht es **ein paar Meter weiter** ins 5 GINGERSBOAT. Bei Sarah kann man Geschenke, Accessoires und Klamotten erstehen. Fair produzierte Taschen und Bekleidung werden in der Werkstatt nebenan selbst hergestellt, in die man reinschielen kann, wenn man im Laden steht.

Abends nicht verpassen!

Allen, die abends in der Wühlischstraße unterwegs sind, möchten wir die kleine Hausbrauerei HOPS & BARLEY mit leckeren Spezialbieren und selbst gebackenem Treberbrot ans Herz legen.

HOPS & BARLEY · Wühlischstr. 22/23 · M13 Wühlisch-/Gärtnerstraße · www.hopsandbarley.eu · 030 29367534 · Mo-Fr ab 17 Uhr, Sa/So ab 15 Uhr

Wir ziehen **weiter und biegen in die Seumestraße ab,** um zu schauen, was beim Nähcafé 6 KINKIBOX los ist. In das kleine Nähcafé kann man mit einer Idee reingehen und mit einer eigenen Klamottenkreation wieder herauskommen. Die Damen dort unterstützen einen dabei tatkräftig. Außerdem gibt es Stoffe zu kaufen.

Am **Ende der Seumestraße** angekommen, **biegen wir links in die Grünberger Straße ein** und lassen uns das tollste Eis der Welt schmecken. Die 7 EISPIRATEN zaubern fantastisches, selbst gemachtes Eis. Von der Schlange davor lassen wir uns nicht abschrecken, denn: Das Warten lohnt sich! Wir empfehlen, unbedingt mal das Pistazien- und Erdbeer-Minz-Eis zu testen. Yummy!

Hier wird einem geholfen. Nähcafe Kinkibox.

Wühlischstraße/Ecke Seumestraße.

GINGERSBOAT · Wühlischstr. 15 · Tram M13, Wühlisch-/Gärtnerstraße · www.gingersboat.de · 030 88531731 · Mo-Fr 11–19 Uhr, Sa 11–18 Uhr

KINKIBOX · Seumestr. 21 · M13 Wühlisch-/Gärtnerstraße · www.kinkibox.de · 030 74782802 · Di-Fr 13–20 Uhr, Sa 13–18 Uhr und nach Vereinbarung

EISPIRATEN · Grünbergerstr. 85 · U5 Samariterstr. · www.eispiraten-berlin.de · Mo-Fr ab 14 Uhr, Sa/So ab 12 Uhr

Die Eispiraten stechen von Frühling bis Herbst in See.

Für die Kleinen!

Wer Kinder dabei hat, kann auf dem Boxhagener Platz auf dem beliebten Spielplatz verweilen. Falls einen der Regen überrascht, sind die Kleinen im Kindercafé **KNILCHBAR** bestens aufgehoben, wo es leckere Waffeln und ein wahres Spielparadies mit selbstgebauter Kletterhöhle gibt. Auch Handgemachtes von lokalen Designern für Kleinkinder wird hier verkauft.

KNILCHBAR · Krossener Str. 8 · U5 Samariterstr. · 030 29367989 · www.knilchbar.de · Di-So 10–18.30 (im Sommer/bei gutem Wetter bis 15 Uhr)

Weiter geht's Richtung Boxhagener Platz, der liebevoll „Boxi" genannt wird. **Direkt auf der Ecke** ist das **8 CAFÈ PAVILLON**, welches von KARUNA Zukunft für Kinder und Jugendliche in Not Int. e.V. betrieben wird. Hier kann man Urban Wear des Modelabels der KARUNA Straßenkinderakademie „Sophisticated People" erstehen.

Urban Wear von Sophisticated People.

CAFÉ PAVILLON · Grünberger Str. 82 (am Boxhagener Platz) · U5 Samariterstr. · 030 21239710 · www.karunaberlin.de und www.sophisticatedpeople.de · Mo-Fr 10–18 Uhr, Sa/So 10–16 Uhr

WEDER GESTERN NOCH MORGEN · Gärtnerstr. 22 · U5 Samariterstr. · 030 89569618 · Mo und Mi-So 8–19 Uhr

Rund um den Boxi findet samstags ein Wochenmarkt mit vielen Leckereien und sonntags der beliebte **9 TRÖDELMARKT AM BOXHAGENER PLATZ** statt. Letzterer ist zwar nicht ganz günstig, aber schon die interessanten Menschen und das Gewusel dort sind einen Besuch wert.

Bevor wir uns weiter am Boxi umschauen, machen wir einen Schlenker nach Norden und **biegen an der Ecke Grünberger Straße in die Gärtnerstraße ein.** Wir kommen an der Werkstatt von Wertstück Flickli vorbei, wo die beliebten Flicken und

Guerilla Knitting-Fundstück.

Spielplatz am Boxi.

Flohmarkt auf dem Boxi.

Artwork von Zozoville.

Applikationen zum großen Teil in Handarbeit entstehen (siehe Seite 26), und am Cafe ⑩ WEDER GESTERN NOCH MORGEN.

Wir **überqueren die Boxhagener Straße und folgen der Mainzer Straße,** bis wir linkerhand auf die ⑪ ZOZOVILLE GALLERY stoßen – und treten ein in die Welt skuriller, liebenswerter Monster(geschichten) des Künstlerduos Johan Potma und Mateo Dineen, die auch in Kreuzberg eine Galerie betreiben (siehe Seite 45).

Bestens amüsiert gehen wir **zurück zur Boxhagener Straße** und **biegen rechts ein. Auf der gegenüberliegenden Straßenseite** ist ⑫ AUFSCHNITT BERLIN. Das Label fertigt originelle Liebhaberstücke in Fleisch- und Wurstform. Designgourmets finden hier Wohnaccessoires und Geschenkideen für jeden Anlass.

Danach folgen wir der **Boxhagener Straße bis zur Niederbarnimstraße.** An der Ecke ist das kleine, kuschelige, legendäre ⑬ KINO INTIMES, das Erstaufführungen, Spartenfilme und Originalfassungen (mit Untertiteln) zeigt und schon von außen mit den ganzen Graffitis, Spuckies und Postern ein echter Hingucker ist.

ZOZOVILLE GALLERY · Mainzer Str. 12 · U5 Samariterstr. · www.zozoville.com · Mo-Sa 12–18 Uhr

AUFSCHNITT BERLIN · Boxhagener Str. 32 · U5 Samariterstr. · www.aufschnitt.net · Mo-Fr 12–20 Uhr, Sa 14–18 Uhr

KINO INTIMES · Niederbarnimstr. 15 · U5 Frankfurter Tor · 030 29664633

Handgefertigte Liebhaberstücke von Aufschnitt Berlin.

Biankas Hund Flash ist ganz Gentleman und trägt die Einkäufe.

D.I.Y.

siehe Seite 136

In der Niederbarnimstraße warten gleich mehrere tolle Läden auf uns. Es beginnt mit dem Geschenkeladen (14) HEIMAT. Frau Pfeiffer verkauft, was ihr gefällt – neben Accessoires ihres eigenen Labels „Froschhimmel" auch Dekoratives und Praktisches anderer D.I.Y.-Label.

Ein paar Türen weiter wartet (15) HAUSFREUND mit Wohnaccessoires, Küchenzubehör, Dekoartikeln und Taschen aus LKW-Plane. Neben bekannter Markenware gibt es hier auch Produkte Berliner Labels.

Danach schauen wir noch bei (16) SCHOENE SCHREIBWAREN **auf der anderen Straßenseite** rein und lassen uns von der kleinen, feinen Auswahl an zeitlosen Schreibwaren verzaubern, meist aus regionaler, nachhaltiger Herstellung. Vielleicht findet sich hier was für den Liebsten? Wir werfen noch einen Blick in die hauseigene Buchbindewerkstatt, die im Nebenraum Fotoalben, Notizbücher und Mappen fertigt, bevor wir uns wieder auf den Weg in Richtung Boxhagener Platz machen.

Wir gehen **die Niederbarnimstraße zurück zur Simon-Dach-Straße. An der Ecke Grünberger Straße biegen wir in diese ein.** Gleich sind wir wieder am „Boxi". **An der Ecke des Boxhagener Platzes, Gabriel-Max-Straße,** ruhen

Im Elfida gibt es super Frühstück.

wir uns bei (17) ELFIDA etwas aus und genießen das leckere Essen. Von hier kann man gut das bunte Treiben beobachten oder sich nebenan in der kleinen, feinen Kiez-Buchhandlung (18) BUCHBOX! Lektüre kaufen – unbedingt auf die Schildchen mit persönlichen Empfehlungen der

Simon-Dach-Straße !

Die Simon-Dach-Straße ist vor allem in den Abend- und Nachtstunden ein beliebtes Ausflugsziel. Wir empfehlen besonders Bar & Café DACHKAMMER. Die Cocktails sind hier besonders gut.

DACHKAMMER · Simon-Dach-Str. 39 · www.dachkammer.com · U5 Frankfurter Tor · 030 29049054 · Mo-So ab 13 Uhr

Wer Lust auf etwas Süßes hat, ist im Kaffeehaus KUCHENRAUSCH bestens aufgehoben.

KUCHENRAUSCH · Simon-Dach-Str. 1 · U5 Frankfurter Tor · www.kuchenrausch.de · 030 55953855 · tägl. ab 9 Uhr

HEIMAT · Niederbarnimstr. 17 · U5 Frankfurter Tor · www.mein-heimat-laden.de und www.froschhimmel.de · 030 746 99914 · Mo-Fr 11–20 Uhr, Sa 11–18 Uhr

HAUSFREUND · Niederbarnimstr. 5 · U5 Frankfurter Tor · 030 32660040 · Mo-Fr 11–19 Uhr, Sa 11–18 Uhr

SCHOENE SCHREIBWAREN Niederbarnimstr. 6 · U5 Frankfurter Tor · www.schoeneschreibwaren.com · 0176 62893430 · Mo-Fr 10–19 Uhr, Sa 10–18 Uhr

ELFIDA · Gabriel-Max-Str. 15 · U5 Samariter Str. · www.elfida-restaurant.de · 030 95595280 · Küche ab 9 Uhr, Bar ab 18 Uhr

BUCHBOX! · Grünberger Str. 68 · U5 Samariter Str. · www.buchboxberlin.de · 030 20078243 · Mo-Sa 9.30–20.30 Uhr

Burgervielfalt im Burgeramt.

Verkäufer achten. In der Buchbox gibt es wöchentlich Autorenlesungen oder andere Veranstaltungen.

Wer zu späterer Stunde und vielleicht vor einem Club-Besuch gut essen möchte, der kann das **auf der anderen Seite des Boxhagener Platzes in der Krossener Straße** tun, wo uns unsere Tour nun entlang führt. Direkt nebeneinander locken die charmante portugiesische 19 LISBOA BAR, wo man auch auf Kaffee und Kuchen einkehren kann; das libanesische Fast-Food-Lokal 20 AL-GAZALI und das 21 BURGERAMT. Wie sagt man im Burgeramt? „Die Liebe besteht zu ¾ aus Appetit.“ – Welche Küche man auch bevorzugt, auf der Krossener Straße wird man satt und glücklich. Wir empfehlen den Makali-Shawarma-Teller im Al-Gazali, ebenso wie die leckeren Pasteis de bacalhau in der Lisboa Bar.

Danach ziehen wir **weiter in die Gärtnerstraße,** wo gleich ganz viele tolle Läden auf uns warten. Bei 22 FRIEDA HAIN kann Zissy fast nicht an sich halten und würde am liebsten gleich den ganzen Stoff und alle handgemachten Lampen kaufen. Im 23 DOLLYROCKER gibt es Kinderklamotten von kleineren Labels sowie zuckersüße, neu genähte Kreationen aus Second-Hand-Klamotten. Wenn Biankas Sohn Linus schon laufen könnte, würde er schon mal vorrennen und im Spielzeugladen 24 SIEBENSCHÖN warten, bis unser Kaufrausch vorbei ist. Dort gibt es Holzspielzeug und allerlei Verspieltes. Die Regale sind nach Alter und nicht nach Kategorien sortiert.

Zissy im Stoffhimmel bei Frieda Hain.

LISBOA BAR · Krossener Str. 20 · M13 Wühlisch-/Gärtnerstr. · www.lisboa-bar-berlin.de · 030 93621978 · Mo ab 17 Uhr, Di-Fr ab 15 Uhr, Sa/So ab 11 Uhr

AL-GAZALI · Krossener Str. 21 · M13 Wühlisch-/Gärtnerstr. · Mo-So 9–1 Uhr

BURGERAMT · Krossener Str. 21-22 · M13 Wühlisch-/Gärtnerstr. · www.burgeramt.com · 030 667 63453 · So-Do 11–1 Uhr, Fr/Sa 11.30–4 Uhr

FRIEDA HAIN · Gärtnerstr. 10 · M13 Wühlisch-/Gärtnerstr. · www.friedahain.de · 030 41761475 · Mo-Fr 11–19 Uhr, Sa 11–18 Uhr

DOLLYROCKER · Gärtnerstr. 25 · M13 Wühlisch-/Gärtnerstr. · 030 54719606 · Mo-Fr 10–19 Uhr, Sa 11–16 Uhr

SIEBENSCHÖN · Gärtnerstr. 26 · M13 Wühlisch-/Gärtnerstr. · www.siebenschoen.de · 030 74078833 · Mo-Sa 10–19 Uhr

Garantiert nicht 08/15: Kinderladen Dollyrocker.

Feines und Niedliches für Groß und Klein im Dollyrockers.

Hier fühlen sich Kinder wohl.

Da wir auch was für schöne Papierwaren übrig haben, lassen wir uns gleich noch verführen, ins 25 SCHWESTER-HERZ reinzuschauen. Papier – was für ein tolles Material! Geschenke und einen kleinen Café-Bereich gibt es hier auch.

Weiter geht es, indem wir **auf der Gärtnerstraße bleiben und die Wühlischstraße kreuzen.** Auf diesem Abschnitt der Gärtnerstraße gibt es ebenfalls zwei tolle Läden zu entdecken.

Wir lieben Papier! Schwesterherz auch.

Bei 26 STRAWBETTY muss Zissy unbedingt mal ein Petticoatkleidchen probieren, denn hier gibt es alles, was das Fifties-Nostalgie-Herzchen begehrt.

SCHWESTERHERZ · Gärtnerstr. 28 · M13 Wühlischstr./Gärtnerstr. · www.schwesterherz-berlin.de · 030 77901183 · Mo-Fr 11–20 Uhr, Sa 10.30–19 Uhr

STRAWBETTY · Gärtnerstr. 32 · M13 Wühlischstr./Gärtnerstr. · www.strawbetty.com · 030 899 93663 · Mo-Fr 12–19 Uhr, Sa 12 –18 Uhr

Das Wollen-Team.

Klein Linus versucht sich als Biker.

Linus fühlt nebenan bei 27 **WOLLEN** schon mal die flauschigen Garne vor. Dieser Laden versetzt uns alle drei erstmal ins Wollglück – wunderschöne Farben, viele kleine Marken und besondere Garne, wie isländische Lopi, verzaubern jeden Wollfan.

Sollten die Füße jetzt schon brennen und der Magen knurren, geht's von hier über die Gärtnerstraße, rechts in die Simplonstraße, links in die Dirschauer Straße schnell zum Lokal Wahrhaft Nahrhaft (siehe Seite 27). Die Straßen bis dorthin spiegeln das gemütliche Friedrichshain-Flair wieder, ohne allzu überlaufen zu sein.

Wir haben noch Muße auf ein bisschen mehr und gehen **zurück zur Wühlischstraße und diese links runter.** Wir schauen beim 28 **STADTENGEL** nach neuen Dekorationen und Geschenken, bevor wir uns von der riesigen Auswahl an Aufnähern und Bügelbildern im 29 **WERTSTÜCK FLICKLI** zu neuen Kreativprojekten inspirieren lassen.

An der Ecke Gabriel-Max-Straße lohnt sich ein Abstecher zu 30 **YACKFOU**, dem Label der Grafiker Tobias Herrmann und Martin Krusche. Neben „tragbarer Grafik" in Form von Shirts und Beuteln gibt es auch eine riesige Auswahl an Karten und Postern. Wir sind sofort verliebt in „Für Neil", einem Mondgesicht mit Moustache.

Danach geht es **zurück in die Wühlischstraße und diese vor bis zur Kopernikusstraße.** Hier lockt 31 **BIG BROBOT** mit einem einzigartigen Sortiment, das insbesondere verspielte Männerherzen

Im Wahrhaft Nahrhaft.

WOLLEN · Gärtnerstr. 32 · M13 Wühlisch-/Gärtnerstr. · www.wollen-berlin.de · 030 29351995 · Di-Fr 11–19 Uhr, Sa 11–16 Uhr (Juni/August) Di-Fr 13–19 Uhr, Sa 11–16 Uhr)

STADTENGEL · Wühlischstr. 24 · M13 Wühlisch-/Gärtnerstr. · www.stadt-engel.com · 030 67302620 · Mo-Fr 11–20 Uhr, Sa 11–19 Uhr

WERTSTÜCK FLICKLI · Wühlischstr. 28 · M13 Wühlisch-/ Gärtnerstr. · www.flickli.de · 030 12022223 · Mo-Fr 12–19 Uhr, Sa 11–18 Uhr

YACKFOU · Gabriel-Max-Str. 21 · M13 Wühlisch-/Gärtnerstr. · www.yackfou.com · 030 84114534 · Mo-Fr 12–20 Uhr, Sa 11–19 Uhr

BIG BROBOT · Kopernikusstr. 19 · M13 Libauer Str. · www.bigbrobot.com · 030 74078388 · Mo-Fr 11–20 Uhr, Sa 11–18 Uhr

Klettern, Workshops, Bars und einige der besten Clubs der Stadt – das RAW-Gelände hat viel zu bieten.

Nahe der Warschauer Brücke: Die Bar des Creative Lab Urban Spree.

höher schlagen lässt. Ausgewählte Streetwear, Comics, Grafic Novels und lustige Gimmicks laden ein zum Geschenkestöbern. Einfach nur richtig cool!

Gegenüber, in der Libauer Straße, müssen wir unbedingt noch beim Recycling-Label 32 K.W.D. von Designerin Katja Werner reinschauen. Sie fertigt von Hand Taschen und mehr aus ausgedienten Fahrrad- und Motorradschläuchen.

Jetzt können auch wir nicht mehr länger ohne Essen. Wir gehen die **Libauer Straße bis zur Revaler Straße und dort nach links bis zur Ecke Dirschauer Straße.** Hier winkt Betty Muschen mit ihrem Café 33 WAHRHAFT NAHRHAFT. Das Interieur mit alten Buffets und einem Klavier erinnert an ein Wohnzimmer der 1950er Jahre und die Köstlichkeiten, wie Nudelsalat, Kuchen und Bagel, sind liebevolle Eigenkreationen, die es sonst nirgends gibt. Die veganen Cheesecakes überzeugen sogar jeden Nicht-Veganer.

Nach der Stärkung gehen wir **über die Straße und betreten das** 34 RAW-GELÄNDE (ehemals Reichsbahnausbesserungswerk), auf dem sonntags ein Flohmarkt stattfindet und wo es auch sonst allerhand zu sehen gibt. Wir gehen **auf dem Gelände nach rechts in Richtung Warschauer Straße.** Für sportliche Menschen gibt es hier einen Turm zum Bouldern (Der Kegel) und eine Skatehalle; für Kreative, wie uns, jede Menge inspirierende Graffitis und viele Menschen, die sich künstlerisch betätigen, weil sie irgend-

Immer im Wandel, täglich entsteht Neues.

K.W.D. · Libauer Str. 1 · M13 Libauer Str. · 030 61073577 · www.kawedesign.de

WAHRHAFT NAHRHAFT · Revaler Str. 16 · U/S Warschauer Str. · www.wahrhaftnahrhaft.de · 0176 81844474· Mo-Fr 9–19 Uhr, Sa/So 10–19 Uhr

RAW-GELÄNDE · Eingang z. B. über Revaler Str. 99 · U1/S Warschauer Str.

Auf der Warschauer Brücke.

etwas üben. So haben hier Bands, Zirkus- und Theatergruppen oder Vereine ihre Proberäume. Am Gelände-Ende befindet sich das 35 **CREATIVE LAB URBAN SPREE**, wo Künstler schaffen und zu Workshops einladen. Außerdem können hier künstlerische Produkte in Kleinstserien selbst hergestellt werden, z.B. bedruckte T-Shirts. Vor dem Gebäude lädt eine gemütliche Bar mit vielen podestartigen Sitzgelegenheiten zum Verweilen ein. Fast ein wenig wie in einem Garten – wenn es nicht zufällig so berlintypisch laut wäre.

Nebenbei gibt es auf dem Gelände die meisten angesagten Clubs auf einem Fleck, zum Beispiel die Eventlocations CASSIOPEIA und ASTRA KULTURHAUS, den Technotempel SUICIDE CIRCUS, den Kulturclub BADEHAUS SZIMPLA MUSIKSALON oder DIE BAR ZUM SCHMUTZIGEN HOBBY (wo Damen mit tiefer Stimme und Prosecco-Laune eine unglaublich lustige Stimmung verbreiten).

Neben Urban Spree führt eine **Metalltreppe hoch zur Warschauer Straße,** in der auch viele Fotoautomaten stehen. Auf der Brücke müssen wir aufpassen, dass

Die Oberbaumbrücke ist das Wahrzeichen von Friedrichshain und Kreuzberg.

wir nicht vom Menschenstrom erfasst werden. Wir **biegen nach links ab in Richtung Warschauer Brücke.** Wer zufällig ein Schloss und einen Stift dabei hat, der kann hier seine Liebesbekundungen hinterlassen. Am Geländer der Brücke hängen mal mehr und mal weniger viele Liebesschwüre in Form von Schlössern – je nachdem, ob die Stadt sie gerade entfernen ließ.

Kreuzgang Oberbaumbrücke.

Tourabschluss heute: Die berühmte East Side Gallery.

Über die Warschauer Brücke gekämpft, bewegen wir uns vorbei an 36 **MONSTER RONSON'S ICHIBAN KARAOKE**. Wir würden ja glatt einen Song zum Besten geben, aber tagsüber hat diese wirklich unterhaltsame Bar noch geschlossen.

Weiter geht es Richtung Spree bzw. Oberbaumbrücke. Das beliebte Wahrzeichen von Friedrichshain-Kreuzberg ist eigentlich ein Hochbahnviadukt, das als Bahntrasse für die Strecke der Linie U1 genutzt wird. Ein mittelalterlich anmutender Kreuzgang bildet den Weg für Fußgänger unterhalb der Bahn. Einmal jährlich (etwa im September) veranstalten die Friedrichshainer und die Kreuzberger auf der Brücke eine parodistische Gemüseschlacht um die Vorherrschaft. Seit 1998 gibt es dieses volksfestartige Spektakel und bereits 13 Mal hat Friedrichshain gewonnen.

Direkt neben der Oberbaumbrücke erstreckt sich ein noch erhaltener Teil der Hinterlandmauer, die einst Berlin teilte und heute die 37 **EAST SIDE GALLERY** beherbergt. Dort treffen sich große Scharen von Touristen aus aller Welt. Dieser Teil von Friedrichshain ist das das Ende unserer Tour.

MONSTER RONSON'S ICHIBAN KARAOKE · Warschauer Str. 34 · U1/S Warschauer Str. · 030 89751327 · www.karaokemonster.de · täglich ab 19 Uhr

EAST SIDE GALLERY · Mühlenstr. · www.eastsidegallery-berlin.de · U1/S Warschauer Straße oder S Ostbahnhof

KreativKopf: Kreativlabor Berlin

Schnittmuster und Inspirationen.

Weil es den Beruf, den sie ausüben wollte, nicht gab, hat Julia Bräunig ihn „erfunden". Sie wollte schreiben, entwerfen, fotografieren, gestalten. Mit ihrem Label Kreativlabor Berlin hat sie sich ihren Traum erfüllt. Hier präsentiert sie eigene Schnittmuster und Nähanleitungen, berichtet von ihren Nähprojekten, gibt Tipps und Inspirationen und stellt kreative Talente vor.

? Wie bist du auf die Idee gekommen?

Ich wollte etwas mit den Händen erschaffen. Ich probierte Verschiedenes aus und bin schließlich beim Nähen hängengeblieben. Es hat sich alles von selbst ergeben, ich hatte keinen Masterplan. Da ich als Webdesignerin schon viele Blogs gestaltet und programmiert hatte, war es für mich nur ein kleiner Schritt zum eigenen Blog. Dort zeigte ich von Anfang an meine kreativen Werke, und so wuchs mein Label. Im Jahr 2014 wurde ich beim DIY-Bloggercontest von Union Knopf zu Deutschlands kreativster DIY-Bloggerin gewählt.

? Warum gerade das Nähen?

Ich finde es faszinierend, aus einem Stück Stoff etwas Tragbares zu machen. Außerdem bin ich ein sehr visueller Mensch und die verschiedenen Stoffmuster inspirieren mich täglich zu neuen Projekten.

? Was steckt hinter dem Labelnamen?

Ich wollte einen Namen haben, der möglichst flexibel ist. Im Kreativlabor kann alles entstehen: Fotos, Filme, Grafiken, Bücher, Schnittmuster, Musik.

www.kreativlaborberlin.de · www.dawanda.de/kreativlabor-berlin · www.facebook.com/KreativlaborBerlin

Julias Schnittmuster für Babyschuhe sind beliebt und auch schon in einem Buch erschienen.

Julias Lieblingsplätze:

Frühstück: in einem der vielen schönen Cafés in FRIEDRICHSHAIN

Shopping: in MITTE, FRIEDRICHSHAIN, PRENZLAUER BERG

Unterhaltung: Nähcafés wie KINKIBOX Seumestr. 21 (Friedrichshain) und NADELWALD Friedelstr. 11 (Neukölln)

Restaurant: die vegane Küche im BISTRO BARDOT Boxhagener Str. 83 (Friedrichshain)

Nightlife: Konzerte und Clubbing im LIDO Cuvrystr. 7 (Kreuzberg) und RITTER BUTZKE Ritterstr. 26 (Kreuzberg)

Floh-/Trödelmarkt: MAUERPARK-FLOH-MARKT am Sonntag Bernauer Str. 63–64 (Prenzlauer Berg)

? Was hast du vorher gemacht?
Ich habe Multimedia Production studiert und ein Jahr lang im Bereich Grafik/HTML gearbeitet. Angestellt zu sein, war aber nichts für mich. Viele haben mir zur Selbstständigkeit geraten und so habe ich mich dann in das Abenteuer „freiberufliche Webdesignerin" gestürzt. Es lief super! Aber in der Elternzeit wurde mir klar, dass ich den Beruf nicht mehr weiterführen möchte. Ich wollte mich nicht länger auf eine Schiene festlegen, sondern eigene Ideen ausleben und ohne äußere Zwänge arbeiten.

? Wo findest du Inspirationen?
Überall. Mich inspirieren andere Menschen und ihre Geschichten, Bilder in Zeitschriften oder im Internet, Fotografien und Illustrationen, Bücher, ...

? Welches Produkt ist besonders beliebt?
Meine Schnittmuster für Babyschuhe und kuschlige Winter-Hausschuhe.

? Warum Berlin? Was liegt hier in der Luft?
Kreativität und Individualität. Jeder darf so sein, wie er ist, und alles machen, worauf er Lust hat. Das finde ich großartig! Hier ist alles möglich, es gibt nichts, was es nicht gibt.

Der witzige Stoffbeutel lässt sich ganz einfach selbst nähen.

siehe Seite 137

Kreuzberg

Kreuzberg (ehemals West-Berlin) verdankt seinen Namen einem 66 Meter hohen Hügel im Viktoriapark. Die Hochbahn U1 verläuft mitten durch Kreuzberg und unterteilt es in Nord und Süd, wobei die Stationen Hallesches Tor, Kottbusser Tor und Schlesisches Tor den Verlauf der alten Stadtmauer nachzeichnen. Entscheidender ist aber die Unterscheidung zwischen einem eher proletarisch geprägten Ost- und einem eher bürgerlich geprägten West-Kreuzberg.

Unsere Tour führt durch den kleineren östlichen Teil Kreuzbergs, der auch SO36 genannt wird. Der Spitzname geht zurück auf den historischen Postzustellbereich Berlin Südost 36.

Von 1961–1990 war SO36 von der innerdeutschen Grenze an drei Seiten umschlossen und somit von Friedrichshain, Mitte und Treptow getrennt. Der Grenzübergang war die Oberbaumbrücke. Diese grenznahe Randlage führte zum Aufblühen der Alternativbewegung und SO36 wurde in den 1970er und 1980er Jahren zum Zentrum der Hausbesetzerszene. Nach der Wiedervereinigung rückte Kreuzberg wieder ins Zentrum Berlins und in SO36 lockten vor allem die, wegen der maroden Altbausubstanz, niedrige Mieten Studenten, Freiberufler, Migranten und Künstler. Mit ihnen kamen viele Szenelokale, Bio- und Designläden und Cafés.

SO36 ist stark von der Kultur der Alternativszene geprägt – und von den meist türkischstämmigen Migranten und deren Nachkommen. Diese soziale Mischung macht SO36 zu einem Multi-Kulti-Schmelztiegel. Zu den beliebtesten Adressen im Nachtleben zählen die Oranienstraße, die Wiener Straße sowie die Gegend um das Schlesische Tor mit dem Gelände der Arena und dem dortigen Badeschiff.

KreativTour Kreuzberg

Unsere Kreuzberg-Tour führt durch das sogenannte SO36 im Nordosten des Bezirks. Vom Lausitzer Platz gelangen wir auf inspirationsreichen Wegen in die quirlige Oranienstraße und schließlich zum belebten Moritzplatz.

1 Café V
2 Sönneken
3 Eissalon Tanne B
4 Rosenrot
5 1000Stoff
6 Rock'n' Roll Herberge
7 Markthalle Neun
8 Pony Hütchen
9 Malerladen Amindobé
10 Supermarché
11 Bravo Bravko Kuchenwerkstatt
12 Onkel Zozo Gallery
13 Chocolateria Sünde
14 Schokowerkstatt
15 Hamam
16 Modern Graphics
17 Wollparadies Fadeninsel
18 Museum der Dinge
19 Fritz Schmuckwerkstatt
20 Würgeengel
21 Gorgonzola Club
22 Betahaus
23 S.W.W.S.W.
24 Planet Modulor
25 botspot
26 Shortcut
27 Extratapete
28 Prinzessinnengarten

- Handmade/D.I.Y.
- Shopping
- Essen/Trinken
- Unterhaltung

ca. 150 m

Tourlänge: ca. 4 km

Reine Gehzeit: ca. 1,5 Stunden

Multikulti und Street Art

Tour Kreuzberg

Auf unserer Tour durch SO36 entdecken wir viele Kreativstätten, wo man selbst ans Werk gehen kann, und erleben ursprüngliches Kreuzberg-Flair. Entlang der Strecke stoßen wir auch immer wieder auf großartige Street Art.

Hochbahn U1 vor dem Lausitzer Platz.

Wir starten die Tour am **U-Bahnhof Görlitzer Bahnhof.** Von dort gehen wir die **Skalitzer Straße entlang zum Lausitzer Platz.**

GÖRLITZER BAHNHOF · U1

CAFÉ V · Lausitzer Platz 12 · U1 Görlitzer Bahnhof · 030 6124505 · tägl. ab 10 Uhr

Der alte Bahnhof

Gegenüber vom Lausitzer Platz ist ein Zugang zum Görlitzer Park (Ecke Skalitzer Straße/Görlitzer Straße). Wenige Meter weiter befindet sich das alten Bahnhofsgebäude, in dem sich heute das Eventlokal SCHWARZLICHT MINIGOLF BERLIN und das empfehlenswerte CAFÉ EDELWEISS befinden.

SCHWARZLICHT MINIGOLF BERLIN · Görlitzer Str. 1 · U1 Görlitzer Bahnhof · www.indoor-minigolf-berlin.de · 030 61621960 · Mo-Do 12–22 Uhr, Fr 12–24 Uhr, Sa 10–24 Uhr, So 10–22 Uhr

CAFÉ EDELWEISS · Görlitzer Str. 1–3* · U1 Görlitzer Bahnhof · www.edelweiss36.com · 030 69508443 · Mo-Sa 10–3 Uhr

*Erreichbar auch über einen Eingang in der Görlitzer Straße gegenüber Haus Nr. 69

Spielzeug gibt es bei Sönneken.

Am Lausitzer Platz angekommen, gehen wir **zur Seite rechts der mächtigen Emmaus-Kirche.** Wir genehmigen uns einen Snack im ① CAFÉ V mit seinen vegetarischen und veganen Spezialitäten und beobachten das bunte Treiben auf dem Lausitzer Platz. Freitags gibt es hier einen schönen kleinen Kiezmarkt.

Direkt gegenüber vom Cafe wartet schon der erste kunterbunte Kinderladen namens ② SÖNNEKEN – LIEBLINGSSACHEN FÜR KINDER. Hier gibt es eine mit viel Liebe zusammengestellte Auswahl an Spielzeug und Kleidung, manches davon auch von lokalen Labeln.

Nebenan lohnt sich ein Stopp im bonbonfarbenen ③ EISSALON TANNE B. Bei Sonnenschein lädt die Terrasse zum Verweilen ein und bei den vielen Eissorten fällt die Auswahl schwer. Neben leckeren Klassikern gibt es auch immer wieder trendige Neukompositionen. Das Eis ist aus eigener Herstellung und enthält keine künstlichen Zutaten.

Als Nächstes lockt ④ ROSENROT mit einer zauberhaft bemalten Fassade und Secondhand-Kinderbekleidung, Umstandsmode, Spielzeug und allerlei Zubehör für Babys und Kleinkinder.

Kunst an der Fassade.

Vintage-Schatz vor dem Rosenrot.

SÖNNEKEN · Lausitzer Platz 13 · U1 Görlitzer Bahnhof · www.soenneken.de · 030 69564190 · Mo-Do 10–18 Uhr, Fr 11–18 Uhr, Sa 11–15 Uhr

EISSALON TANNE B · Eisenbahnstr. 48 · www.tanneb.de · 030 69567811 · tägl. 9–22 Uhr

ROSENROT · Eisenbahnstr. 48 · U1 Görlitzer Bahnhof · www.rosenrot-in-kreuzberg.blogspot.de · 030 69518349 · Mo-Fr 10.30–18.30 Uhr, Sa 10.30–14.30 Uhr

Im 1000Stoff.

Vor der Markthalle Neun kann in seeliger Ruhe das quirlige Treiben beobachtet werden.

1000STOFF · Muskauer Str. 49 · U1 Görlitzer Bahnhof · www.1000stoff.de · 030 63960253 · Mo-Fr 11–18.30 Uhr, Sa 11–16 Uhr

ROCK 'N' ROLL HERBERGE · Muskauer Str. 11 · U1 Görlitzer Bahnhof · www.rnrherberge.de · 030 61623600 · Bar tägl. ab 10 Uhr, Frühstück 10–14 Uhr (außer in Wintermonaten)

MARKTHALLE NEUN · Eisenbahnstr. 42/43 · U1 Görlitzer Bahnhof · www.markthalle neun.de · 030 61073473 · Kantine/Café Mo-Sa 12–16 Uhr, Wochenmarkt Di/Fr 12–20 Uhr, Sa 10–18 Uhr, Street-Food Do 17–22 Uhr

Nach dieser Einstimmung laufen wir **die Eisenbahnstraße** vor bis zur **Muskauer Straße, in die wir rechts einbiegen.** Nach ein paar Metern treffen wir auf **5 1000STOFF**. Ob Stoffe, Nähzubehör, Schnittmuster, Nähkurse oder Inspiration – hier gibt es alles, was man zum Nähen und Gestalten mit Stoff braucht. Auch viel Selbstgemachtes wird angeboten.

Wir **gehen zurück zur Eisenbahnstraße.** Auf der anderen Seite der Muskauer Straße liegt die **6 ROCK 'N' ROLL HERBERGE**, eine kleine Familienherberge mit Kneipe. Donnerstags von 17–22 Uhr ist hier Currywurstabend. Die schmackhaften Würstchen mit hausgemachter Soße gibt es auch in einer veganen Variante.

Unser nächstes Ziel ist die **7 MARKTHALLE NEUN**, in der dienstags, freitags und samstags ein kunterbunter Mix diverser Markttreibender zu erleben ist. Im Angebot sind vor allem regionale Köstlichkeiten. Donnerstagabends ist „Street Food Thursday", dort können Imbiss-Spezialitäten aus aller Welt entdeckt werden. Wir

Guerilla Gardening

Der Klomann sammelt Fotofix-Streifen.

Chinarestaurant mal anders!

Für Liebhaber chinesischen Essens lohnt sich ein Abstecher zur Wrangelstraße/Ecke Pücklerstraße. Im szenigen China-restaurant LONG MARCH CANTEEN gibt es statt Holzschnitzereien an den Wänden gedimmtes Licht und Industriecharme und statt traditionellem Schweinefleisch süß-sauer mit Reis leckere Dumplings (gefüllte Teigtaschen) und feine Dim Sums (kleine Tellergerichte, ähnlich wie Tapas).

LONG MARCH CANTEEN · Wrangelstr. 20 · U1 Görlitzer Bahnhof · www.longmarchcanteen.com · 0178 8849599 · tägl. 18–24 Uhr

lassen uns bei Maren Weise von „Apfel on Tour" einen feinen Apple-Crumble aus karamellisierten Äpfeln schmecken. Beim Durchschlendern der Halle lohnt sich ein Abstecher Richtung Toilette – allein wegen des extravaganten Toilettenhäuschens.

Wir **verlassen die Markthalle auf der anderen Seite (Ausgang Pücklerstraße)** und **gehen nach links.** Hier erwartet uns das **8 PONY HÜTCHEN** – ein charmanter Second-Hand-Laden für Möbel und Klamotten mit nostalgischem Charme. Dort gibt es Liebhaberstücke aus vergangenen Tagen zu moderaten Preisen.

Über dem Eingang des Pony Hütchen.

PONY HÜTCHEN · Pücklerstr. 33 · U1 Görlitzer Bahnhof · www.pretty-stuff.de · 030 69818679 · Mo-Do 15–20 Uhr, Fr/Sa 13–20 Uhr

Im Pony Hütchen.

Farbpigmente gibt es bei Amindobé.

Im Supermarché wird Bianka zur Shoppingqueen.

Ein **paar Meter weiter die Pücklerstraße hinunter** entdecken wir eine wahre Perle in Sachen Malerbedarf für Künstler und Handwerker – den 9 MALERLADEN AMINDOBÉ. Hier gibt es nicht nur ein breites Sortiment an Farben, Lacken, Farbpigmenten und Schablonen, sondern man kann sich nach den hauseigenen Rezepten auch seine eigene Bio-Farbe mischen.

Wie in alten Zeiten: einer von vielen Kaugummiautomaten in Kreuzberg.

Wir laufen die Straße weiter an kleinen An- und Verkaufsläden vorbei und **kehren zurück auf den Lausitzer Platz.** Wir **gehen vor zur Skalitzer Straße, überqueren** diese und gelangen **in die Lausitzer Straße.** Ein kleiner Bummel durch Kreuzbergs Straßen lohnt immer. Und für alle, die ein paar Kalorien nicht scheuen, gibt es überall Kaugummiautomaten, um spontane Gelüste zu befriedigen.

Wir **folgen der Lausitzer Straße bis zur Wiener Straße.** Hier besuchen wir den 10 SUPERMARCHÉ von Hirschkind, einem kleinen Berliner Label. In diesem Laden gibt es fair produzierte Produkte in Bio-Qualität, von Oberbekleidung für Ihn, Sie und Es über Bettwäsche und Kissen bis hin zu Geschirrtüchern, Schürzen und Servietten – alles handbedruckt in Kreuzberg.

MALERLADEN AMINDOBÉ · Pücklerstr. 30 · U1 Görlitzer Bahnhof · www.malerladen-berlin.de · 030 6113417 · Mo-Fr 9–19 Uhr, Sa 10–15 Uhr

SUPERMARCHÉ · Wiener Str. 16 · U1 Görlitzer Bahnhof · www.supermarche-berlin.de · 030 20950461 · Mo-Fr 11–19 Uhr, Sa 11–18 Uhr

KreativKopf: Knot*Knot

Haben den Knoten raus.

Kabelumknüpfung aus dem Knot*Knot-Programm.

Als die Designer Thade Precht und Nora Schmidt 2011 ihre bunt umknüpften Kabel auf dem Design-Weihnachtsmarkt Holy.Shit.Shopping präsentierten, begeisterten sie auf Anhieb. Die Knüpfknoten kannten viele noch aus ihrer Kindheit, was Thade und Nora daraus machten, war brandneu: Statt Gerätekabel zu verstecken, umknüpfen die beiden sie mit leuchtend bunten Kordeln und machen sie zu stylischen Hinguckern. Im Kreuzberger Studio nahe der Bergmannstraße entstehen nicht nur die Knot*Knot-Produkte, sondern auch Thades Arbeiten als freiberuflicher Produkt- und Grafikdesigner.

? Wie bist du auf die Idee gekommen?

Vor Knot*Knot war ich Mitbegründer eines Startups für modulare E-Gitarren. Die herumliegenden Gitarrenkabel konnten wir verkraften, aber nicht länger die Kabelage auf und unter unseren Schreibtischen. Da kam mir die Idee, offensiv mit dem Thema umzugehen.

? Was steckt hinter dem Labelnamen?

Knot*Knot beschreibt eine repetitive Knotenreihe und umreißt damit perfekt das, was wir bieten und wofür wir stehen.

? Was machst du sonst noch?

Damals wie heute bin ich mit meinem Büro TPPD als freiberuflicher Produkt- und Grafikdesigner mit Schwerpunkt auf spielerischem Design aktiv. Ich entwickle unter anderem Holzspielzeug, Firmenlogos und Webseiten; neuerdings auch Gesellschaftsspiele.

? Wo findest du Inspirationen?

Mit offenen Augen durch die Welt gehen: schauen, entdecken, wahrnehmen, merken, verarbeiten, einsetzen. Ich besuche regelmäßig Fachmessen, wie die Nürnberger Spielwaren- oder die Frankfurter Buchmesse, und pflege ein reges Netzwerk mit Freunden und Kollegen.

Knot*Knot by TPPD
Thade Precht Playful Design ·
Solmsstr. 24 · www.knot-knot.de
· 030 409 855 27

Thades Lieblingsplätze:

Frühstück: Croissants bei BULLYS BAKERY Friedelstr. 7 (Neukölln)

Shopping: im MODULOR am Moritzplatz Prinzenstr. 85, im Aufbau Haus (Kreuzberg)

Unterhaltung: im Sommer das MONBIJOUTHEATER, im Winter die MÄRCHENHÜTTE beides im Monbijoupark (Mitte) und immer gerne wieder MUSEUM DER DINGE Oranienstr. 25 (Kreuzberg)

Drink: im KLUNKERKRANICH mit Blick über die City Karl-Marx-Str. 66 (Neukölln) oder Weintrinken auf dem Street Food Thursday in der MARKTHALLE NEUN Eisenbahnstr. 42/43 (Kreuzberg)

Restaurant: JIMMY WOO mit leckeren Pho-Suppen und guter Musik Friedelstr. 24 (Neukölln)

Couchpotato-Pizza mit Rucola und Chili-Ahornsirup bei RON TELESKY CANADIAN PIZZA Dieffenbachstr. 62 (Kreuzberg)

Nightlife: PRINCE CHARLES mit Bar in einem ehemaligen Pool Prinzenstr. 85f, im Aufbau Haus (Kreuzberg)

Floh-/Trödelmarkt: NOWKOELLN FLOWMARKT Maybachufer (Neukölln)

? Welches Produkt ist besonders beliebt?
In letzter Zeit sind es vor allem handgefertigte Sammelumknüpfungen von beispielsweise mehreren Strom- und Netzwerkkabeln zu einem geordneten Strang.

? Warum Berlin? Was liegt hier in der Luft?
Berlin ist groß, bunt, schön. Ich liebe die Vielfalt der Architektur, die Altbauten mit ihren hohen Decken, dem Stuck und den Holzdielen. Die Stadt bietet nach wie vor viel Raum zur beruflichen und persönlichen Entfaltung. Etliche meiner Freunde und Kollegen hat es in die Hauptstadt verschlagen – nahezu alle nach Kreuzberg und Neukölln. In gewisser Weise haben wir uns dadurch die soziale Struktur einer liebsamen Kleinstadt geschaffen, während wir gleichzeitig von den Vorteilen der Großstadt profitieren.

Wenn schon Kabel, dann richtig. Schluss mit dem Versteckspiel! – lautet Thades Motto.

Hund Flash mit witziger Kopfbedeckung.

BRAVO BRAVKO KUCHENWERKSTATT · Lausitzer Str. 47 · U1 Görlitzer Bahnhof · www.bravo-bravko.de · 030 81802508 · täglich 9–19 Uhr

ONKEL ZOZO GALLERY · Oranienstr. 195 · U8 Kottbusser Tor/ U1 Görlitzer Bahnhof · www.zozoville.com · 030 54597982 · Mo-Fr 12–18 Uhr, Sa 12–19 Uhr

Danach geht's **zurück in die Lausitzer Straße.** Schon nach wenigen Metern erreichen wir auf der linken Seite die 11 BRAVO BRAVKO KUCHENWERKSTATT – und sind bereit, eine Kaloriensünde zu begehen. Die Auswahl, die Kuchenchef Bravko an feinen Tartes und Kuchen bietet, ist überwältigend. Wir testen und geben das Prädikat: extrem empfehlenswert!

Zissy kann es nicht erwarten, Bravkos Köstlichkeiten zu kosten.

Kiezluft schnuppern!

Wer nach dem Kuchengenuss bei Bravo Bravko ein wenig durch den Kiez schlendern möchte, kann die Lausitzer Straße weitergehen bis zur Reichenberger Straße, biegt nach rechts ab und gelangt über die Manteuffelstraße zurück auf die Skalitzer Straße – und damit wieder auf die Tourroute zur Oranienstraße.

Street Art nahe Görlitzer Bahnhof.

Von der Kuchenwerkstatt gehen wir **zurück zur Wiener Straße, biegen** in diese **links ein** und laufen **vor bis zur Skalitzer Straße.** Von dort geht's dann **quer hinüber zur Oranienstraße.**

Die Oranienstraße – nicht zu verwechseln mit der Oranienburger Straße in Berlin-Mitte – ist die wichtigste Geschäftsstraße in SO36. Wir kommen an aufregender Street Art von teils namhaften Künstlern vorbei.

Wir laufen die **Oranienstraße vor bis zum belebten Heinrichplatz. Links um die Ecke** befindet sich die Galerie **12 ONKEL ZOZO**. Der Laden wurde liebevoll von den Illustratoren Mateo Dineen und Johan Potma gestaltet, die vor allem für ihre niedlich-schrulligen Monster weit über die Stadtgrenze hinaus bekannt sind. Die beiden Wahlberliner betreiben auch die Zozoville Gallery in Friedrichshain (siehe Seite 21).

Onkel Zozos Monsterladen.

In der Schokowerkstatt entstehen Holzmöbel.

Nächstes D.I.Y.-Ziel ist die Schokowerkstatt in der Mariannenstraße. – Wenn jetzt Schokogelüste aufkommen, empfehlen wir aber erstmal einen Stopp in der 13 CHOCOLATERIA SÜNDE einzulegen, die **direkt gegenüber von Onkel Zozo** liegt und ein herrlicher Wohlfühlplatz ist.

Danach geht's **quer über den Platz** zur 14 SCHOKOWERKSTATT. Die Frauenmöbelwerkstatt ist in einer ehemaligen Schokoladenfabrik gelegen, die heute das größte Frauenzentrum Europas beherbergt. In der Schokowerkstatt kann man Holzmöbel erwerben oder (Möbelbau-)Kurse besuchen. Auch wer Entspannung sucht, ist auf dem Gelände richtig: Hier ist auch ein 15 HAMAM – Türkisches Bad für Frauen.

Wir gehen danach **zurück zum Heinrichplatz** und **biegen rechts in die Oranienstraße** ein. Hier stoßen wir nach ein paar Metern auf den Comicladen 16 MODERN GRAPHICS mit einer riesigen Auswahl an deutsch- und englischsprachigen Büchern und Merchandising-Artikeln. Neben dem Programm großer deutscher und internationaler Verlage findet man hier auch Produkte lokaler Kleinverleger.

CHOCOLATERIA SÜNDE · Oranienstr. 194 · U1/8 Kottbusser Tor/ U1 Görlitzer Bahnhof · www.chocolateria-suende.de · 030 95611870 · Mo-Sa 9–19 Uhr, Sa 11–18 Uhr, So 12–18 Uhr

SCHOKOWERKSTATT · Mariannenstr. 6 (Hinterhof) · U1/ U8 Kottbusser Tor/U1 Görlitzer Bahnhof · www.schokowerkstatt.de · 030 6152440 · offene Möbelbaukurse Mo 9–13 oder 13–17 Uhr, Do 16–19 Uhr

HAMAM · Mariannenstr. 6 (Hinterhof) · U1/U8 Kottbusser Tor · www.hamamberlin.de · 030 6151464 · Mo 15–23 Uhr, Di-So 12–23 Uhr

MODERN GRAPHICS · Oranienstr. 22 · U1/U8 Kottbusser Tor/U1 Görlitzer Bahnhof · www.modern-graphics.de · 030 6158810 · Mo-Fr 11–20 Uhr, Sa 10–20 Uhr

Blick entlang der Oranienstraße.

Street Art in einem Hauseingang gegenüber des legendären Clubs SO36.

In einem Hauseingang in der Oranienstraße. In den teils unsanierten Wohnungen befinden sich Co-Working Spaces.

Eine Tür weiter beginnt unser D.I.Y-Herz höher zu schlagen, denn im 17 WOLLPARADIES FADENINSEL gibt es alles, was Wollies begehren – und das schon seit über 30 Jahren. In diesem Urgestein der Handarbeitsläden erhält man entweder das Material zum Selbermachen oder kann fertig Gestricktes von der charmanten Inhaberin und ihrem Team kaufen.

Wir **folgen der Oranienstraße** und gelangen nach wenigen Metern zum 18 MUSEUM DER DINGE. Hier gibt es mehrere Tausend Objekte aus der Alltagskultur des 20. Jahrhunderts zu bestaunen. In Vitrinen nach thematischen Kleingruppen zusammengestellt, treffen Design und Kitsch auf unterhaltsame Weise aufeinander. Der Vorraum ist gleichzeitig Verkaufsausstellung – hier finden Designfans schöne Geschenke.

Abends nicht verpassen!

In der Oranienstraße im Herzen von SO36 liegt auch der gleichnamige Club, in dem regelmäßig Konzerte und Partys stattfinden. Das SO36 hat seine Wurzeln in der Punk- und Besetzerzeit und ist einer der Impulsgeber und Publikumsmagneten im Berliner Nachtleben.

SO36 · Oranienstr. 190 · U1 Görlitzer Bahnhof · www.so36.de · 030 61401306

Am Ende der Oranienstraße kreuzt die Dresdener Straße, in die wir **links einbiegen.** Gleich auf der Ecke gelangen wir zu 19 FRITZ SCHMUCKWERKSTATT. Wir bestaunen die exklusiven Schmuckstücke, die vom Kreuzberger Urgestein Manuel Fritz und anderen Künstlern stammen. Zu gerne würden wir gleich an einem der fast täglich stattfindenden Goldschmiedekurse teilnehmen, die von der Schmuckwerkstatt als Teil der CoopGold Cooperative angeboten werden. CoopGold wurde von fünf professionellen Goldschmieden gegründet, die auch Themenkurse und eine jährliche Sommerakademie anbieten.

Ein paar Meter **weiter in der Dresdener Straße** liegt **auf der rechten Straßenseite** die Kultbar 20 WÜRGEENGEL, in der es fantastische Cocktails gibt. Der Name der Bar ist eine Hommage an den Film „Der Würgeengel" („El ángel exterminador") von Luis Buñuel aus den 1960er Jahren. Hungrige können sich vor dem Barbesuch im 21 GORGONZOLA CLUB nebenan stärken. Das Lokal gehört dem gleichen Inhaber.

Im Wollrausch in der Fadeninsel.

WOLLPARADIES FADENINSEL · Oranienstr. 23 · U1/U8 Kottbusser Tor/U1 Görlitzer Bahnhof · www.fadeninsel.de · 030 6156994 · Mo-Fr 10–18 Uhr, Sa 10–16 Uhr

MUSEUM DER DINGE · Oranienstr. 25 · U1/U8 Kottbusser Tor/U1 Görlitzer Bahnhof · www.museumderdinge.de · 030 921063 · Do-Mo 12–19 Uhr

FRITZ SCHMUCKWERKSTATT · Dresdener Str. 20 · U1/U8 Kottbusser Tor/U8 Moritzplatz · www.coopgold.de · 030 6151700 · Mo-Fr 10–19 Uhr, Sa 11–15 Uhr

WÜRGEENGEL · Dresdener Str. 122 · U1/U8 Kottbusser Tor · www.wuergeengel.de · 030 615 55 60 · tägl. ab 19 Uhr

GORGONZOLA CLUB · Dresdener Str. 121 · U1/U8 Kottbusser Tor · www.gorgonzolaclub.de · 030 6156473 · tägl. ab 18 Uhr

Das betahaus ist der Treffpunkt der Berliner Start-up-Szene.

Hübsches und Verspieltes bei S.W.W.S.W. am Moritzplatz.

BETAHAUS · Prinzessinnenstr. 19–20 · U8 Moritzplatz · www.betahaus.com · 030 60980927 · (Café) Mo-Fr 8–20 Uhr, Sa 10–20 Uhr

S.W.W.S.W. · Oranienstr. 58 a · U8 Moritzplatz · www.schoener-waers.de · 030 43201488 · Mo-Fr 12–19 Uhr, Sa 12–16 Uhr

PLANET MODULOR · Prinzenstr. 85 · U8 Moritzplatz · www.modulor.de · 030 690360 · Mo-Fr 9–20 Uhr, Sa 10–18 Uhr

BOTSPOT · im Planet Modulor · www.botspot.de · 030 91507622 · Mo-Fr 10–18 Uhr, Sa nach Vereinbarung

Wir gehen **zurück zum Oranienplatz, überqueren diesen und folgen der Oranienstraße** auf der anderen Seite weiter. An der **Ecke Prinzessinnenstraße** biegen wir links ein und gelangen zum 22 BETAHAUS – einem Co-Working Space mit angrenzendem schicken Café, in dem es allerlei Selbstgemachtes zu bestaunen gibt und das Treffpunkt der Berliner Start-up-Szene ist. Im betahaus finden auch regelmäßig Veranstaltungen statt; auch Sprach- und Yogakurse werden angeboten.

Der Name ist übrigens aus der Software-Entwicklung abgeleitet, wo Beta eine unfertige Version bezeichnet, und soll verdeutlichen, dass die Macher das Projekt als einen Prozess mit offenem Ende verstehen. Dienstags um 17 Uhr und donnerstags um 11.30 Uhr werden Führungen angeboten, Treffpunkt ist das Café.

Wir gehen dann **wieder auf die Oranienstraße** und laufen **vor bis zum Moritzplatz. Rechter Hand** befindet sich der Conceptstore 23 SCHÖNER WÄRS WENNS SCHÖNER WÄR, kurz S.W.W.S.W. In dem Laden gibt es stylische ökologische Möbel, Kindersachen, Accessoires und Papierwaren. Wir gönnen uns einen Espresso an der kleinen Bar und schmökern noch in der Leseecke in Literatur zum Thema Nachhaltigkeit und Gestaltung, bevor wir zur vorletzten Station dieser Tour weiterziehen.

In der Sichtachse genau gegenüber befindet sich im sogenannten Aufbau Haus 24 PLANET MODULOR. Das Modulor ist so etwas wie ein Kreativmaterial-Supermarkt. Hier gibt es eine riesige Auswahl an Architektur- und Künstlerbedarf. Auch Workshops werden angeboten. Außerdem sind Dienstleister und Künstler vor Ort, die bei der Umsetzung eigener Kreativideen helfen. So kann man bei 25 BOTSPOT das 3D-Drucken ausprobieren, einen kleinen Doppelgänger von sich anfertigen oder eigene 3D-Designs und Ersatzteile ausdrucken lassen. Bei 26 SHORTCUT

So eine Extratapete wäre etwas für Bianka.

lassen sich individuelle Entwürfe aus den verschiedensten Materialien wie Holzfurnier, Kunststoff, Acrylglas oder Pappe fräsen und lasern. Wer sich etwas Besonderes für die Wand wünscht, der ist bei 27 EXTRATAPETE genau richtig. Der Clou: Hier können Tapeten auch mit eigenen Motiven bedruckt werden.

SHORTCUT · im Planet Modulor · www.short-cut.de · 030 6110360 · Mo-Fr 13–19 Uhr

EXTRATAPETE · im Planet Modulor · www.extratapete.de · 030 2615729 · Mo-Fr 9–19 Uhr, Sa 10–18 Uhr

Street Art to go.

D.I.Y.

siehe Seite 140

Lauschiges Gartencafé.

Zum Abschluss unserer Tour durch SO36 gehen wir **vom Planet Modulor über die Prinzenstraße** zum 28 PRINZESSINNENGARTEN. Hier haben Anwohner mithilfe vieler Freiwilliger ihr urbanes Gartenidyll verwirklicht. Während der Saison (April bis Oktober) finden Veranstaltungen und Führungen statt und alle zwei Wochen sonntags ein Flohmarkt. Es gibt auch ein Gartencafé mit Gartenküche, in dem mit der Ernte aus dem Prinzessinnengarten Feines gezaubert wird.

Schmöckerecke.

PRINZESSINNENGARTEN · Prinzenstr. 35–38/Prinzessinnenstr. 15 · U8 Moritzplatz · www.prinzessinnengarten.net · Gartencafé ab 12 Uhr

Recycling und Upcycling wird im Prinzessinnengarten groß geschrieben.

Garten in Kästen – hier mit heilkundlichen Infos.

Entdeckungen im Süden Kreuzbergs

Wir haben noch Muße und schließen noch eine Tour durch den Süden Kreuzbergs an. Auch hier erwarten uns einige heiße Spots.

Wir fahren vom Moritzplatz mit der U8 zum Hermannplatz und steigen dort in die U7 Richtung Rathaus Spandau zur Haltstelle Gneisenaustraße. Dort gehen wir nach rechts in die Zossener Straße. Nach wenigen Metern sind wir bei **PAUL KNOPF**, der die tollste Knopfauswahl weit und breit hat.

Wir gehen die Zossener Straße wieder zurück und durch bis zum Marheineke Platz. Nun sind wir mitten im Bergmannkiez mit der **MARHEINEKE MARKTHALLE**, der wohl schicksten in Berlin, in der man edle kulinarische Leckerbissen kaufen kann. Auch für frischen Fisch ist sie *der* Tipp!

Es lohnt sich, auch die Straßen um den Platz herum zu erkunden. Am Ende des Platzes ist etwa **RASSELFISCH**, ein hübscher Kinderladen.

Danach laufen wir die Bergmannstraße Richtung Mehringdamm vor. Hier entdecken wir **COLOURS KLEIDERMARKT**, in dem es Secondhand-Ware teilweise zum Kilopreis gibt, ebenso wie eine Filiale vom **KOCHHAUS** (siehe auch Seite 115 und Seite 122) sowie die hübsche Papeterie und das Rahmenstudio **ARARAT**. Im Bergmannkiez sollte man auch unbedingt einmal Köfte gegessen haben und so lassen wir uns die zarten Bouletten bei **BERGMANN KÖFTE** schmecken.

Vorne, an der Ecke Mehringdamm, stoßen wir auf **PAINT YOUR STYLE**, einem großartigen Ort, um sein eigenes Porzellan zu gestalten.

Hier endet nun auch unser Ausflug nach Kreuzberg. Wir laufen den Mehringdamm nach rechts zur U-Bahn-Station Mehringdamm. Bei der U-Bahn-Station sind dann gleich zwei Kult-Imbisse: **CURRY 36** und **MUSTAFAS GEMÜSEKEBAB**. Im Haus von Curry 36 liegt auch das **BKA THEATER** – Berliner Kabarett Anstalt, in dem alles von Chanson über Jazz bis hin zu Comedy läuft.

PAUL KNOPF · Zossener Str. 10 · U7 Gneisenaustr. · www. paulknopf.de · 030 6921212 · Di-Fr 9–18 Uhr, Mi/Do 14–18 Uhr

MARHEINEKE MARKTHALLE · Marheinekeplatz/Bergmannstr. · U7 Gneisenaustr. · www.meine-markthalle.de · 030 61286146 · Mo-Fr 8–20 Uhr, Sa 8–18 Uhr

RASSELFISCH · Bergmannstr. 71/72 · U7 Gneisenaustr. · www.rasselfisch.de · 030 61201235 · Mo-Fr 11–19 Uhr, Sa 10.30–18 Uhr

COLOURS KEIDERMARKT · Bergmannstr. 102 · U6/U7 Mehringdamm oder U7 Gneisenaustr. · www.kleidermarkt.de · 030 6943348 · Mo-Fr 11–19 Uhr, Sa 10.30–18 Uhr

KOCHHAUS · Bergmannstr. 94 · U6/U7 Mehringdamm oder U7 Gneisenaustr. · www. kochhaus.de · 030 577089100 · Mo-Sa 10–21 Uhr

ARARAT · Bergmannstr. 99 · U6/U7 Mehringdamm oder U7 Gneisenaustr. · www.ararat-berlin.de · 030 6935080 · Mo-Sa 10–20 Uhr

BERGMANN KÖFTE · Bergmannstr. 94 · U7 Gneisenaustr. · 030 61627897

PAINT YOUR STYLE · Mehringdamm 73 (Ecke Bergmannstr.) · www.paintyourstyle.de · 030 28837355 · Mo-Sa 12–21 Uhr (Nov./Dez. auch sonntags geöffnet)

CURRY 36 · Mehringdamm 36 · U6/U7 Mehringdamm · www.curry36.de · 030 2517368 · täglich 9–5 Uhr

MUSTAFAS GEMÜSEKEBAB · Mehringdamm 32 (Imbisswagen) · U6/U7 Mehringdamm · www.mustafas.de

BKA Theater · Mehringdamm 34 · www.bka-theater.de · 030 2022007

KreativKopf: Marie Geißler

Illustriert für Kinder, Schulen und Erwachsene.

Marie ist Illustratorin mit feinfühligem und mutigem Strich. Sie zeichnet, malt, walzt, collagiert und stempelt für Kinder-, Schul- und Erwachsenenbücher. In den Genuss ihrer Arbeit kommen auch viele Musiker, für die sie das Artwork gestaltet. Für uns hat sie die wunderbaren Stadtpläne gezeichnet.

? Warum gerade Illustration?
Ich bin verliebt in schöne Linien und begeistert davon, wie viel man mit so wenigen Mitteln erreichen kann: ein Gefühl sichtbar machen, Geschichten erzählen oder eine neue Welt erschaffen.

? Was hast du vorher gemacht?
Ich habe Visuelle Kommunikation in Weimar studiert. Frisch in Berlin hatte ich Zeit, freie Projekte umzusetzen, Produkte zu entwickeln, mich mit anderen Zeichnern auszutauschen, gemeinsam Ideen zu spinnen – und herauszufinden, was ich eigentlich machen will.

? Wie sieht dein Arbeitstag aus?
Üblicherweise arbeite ich, wenn meine Kinder in der Schule oder im Kinderladen sind, und sehr oft auch, wenn sie im Bett sind.

? Wo findest du Inspirationen?
Bei meinen Kindern, meinem Freund und in der Musik. Oder ich gehe eine Runde um den Block und lasse mich von den Essensgerüchen aus aller Herren Länder, den bunten Menschen, einem tollen Buchladen oder meinen netten Nachbarn inspirieren.

In der Mal- und Zeichenschule für Kinder verrät Marie ihre Tipps & Tricks.

Atelier BKS36 · Ohlauer Str. 36 · 10999 Berlin-Kreuzberg · www.mariegeissler.de

Genuss für Ohren – und Augen.

Maries Lieblingsplätze:

Frühstück: ganz opulent im Café FRÄULEIN WILD oder auf die Schnelle nebenan bei NANO KAFFEE Dresdener Str. 13 und 14 (Kreuzberg)

Shopping: handgemachte Mode bei NO MIMIKRI Pflügerstr. 5 (Neukölln)

Unterhaltung: CORBO Kleinkunstbühne Kiefholzstr. 1–4 (Treptow)

Drinks: leckere Cocktails in gemütlicher Atmosphäre im DRESDEN Dresdener Str. 19 (Kreuzberg)

Restaurant: koreanisches und japanisches Essen im OMONI Kopenhagener Str. 14 (Prenzlauer Berg)

Nightlife: FUCHS UND ELSTER Weserstr. 207 (Neukölln)

Floh-/Trödelmarkt: FLOWMARKT NOWKOELLN Maybachufer (Neukölln)

? Was braucht es noch, um kreativ zu sein?

Die Dinge zu hinterfragen.

? Wo findet man deine Werke? Hast du ein Lieblingsprodukt?

Von mir illustrierte Produkte gibt es in Buchläden, Musikläden und in der Musenstube (siehe Seite 89). Eines meiner Lieblingsprodukte ist der Familienplaner, der jedes Jahr mit meinen Illustrationen im Jaja Verlag erscheint.

? Warum Berlin? Was liegt hier in der Luft?

Ich finde toll, dass hier viele großartige Kollegen aus meiner und aus anderen Disziplinen leben und ich sie einfach auf einen Kaffee treffen kann. Und natürlich das Gefühl der unbegrenzten Möglichkeiten …

Marie mit einem ihrer Lieblingsprojekte.

Mo

Mitte

Der Verwaltungsbezirk Berlin-Mitte umfasst auch Tiergarten und Wedding – aber wir bewegen uns während unserer Tour tatsächlich im eigentlichen Bezirk Mitte, genauer gesagt im sogenannten Scheunenviertel. Geprägt werden die Straßenzüge durch viele Altbauten und verschachtelte Hinterhöfe, wie man eindrucksvoll am Beispiel der Hackeschen Höfe oder der Heckmann Höfe sehen kann.

Das Scheunenviertel war zu Beginn des 20. Jahrhunderts sozialer Brennpunkt und geprägt durch Prostitution, Kriminalität, Armut und Überbesiedlung. Davon nicht betroffen war das Gebiet um die Oranienburger Straße. Hier gab es eine ausgeprägte jüdische Kultur, woran heute noch die Neue Synagoge, ein jüdisches Café in der Tucholskystraße und der Alte Jüdische Friedhof in der Großen Hamburger Straße erinnern.

Im Zuge der Industrialisierung wurden die einst vorhandenen Scheunengassen überbaut und die Baustruktur in den Straßenzügen ist dadurch sehr verwachsen und durchmischt.

Berlin Mitte ist fernab von den üblichen Sehenswürdigkeiten wie Alexanderplatz oder Rotes Rathaus stylisch, hip und vor allem wuselig wild – aber oft auch sehr touristisch. Hier kann man am besten beobachten, wie sich Menschen neu erfinden und sich ihren eigenen wilden Stilmix kreieren. Hier entstehen vor allem modische Trends und nicht selten, und mit einem Augenzwinkern, werden oft vor allem die „Hipster" mit Berlin Mitte bzw. dem Gebiet um den Rosenthaler Platz verbunden.

KreativTour Mitte
ZIEL
33
32
31
VETERANENSTRASSE
NORDBAHNHOF
S
INVALIDENSTRASSE
BRUNNENSTRASSE
29
ROSENTHALER PLATZ
U
WEINBERGSWEG
27
26
GARTENSTR.
TORSTRASSE
LINIENSTRASSE
7
6
LINIENSTRASSE
KOPPENPLATZ
AUGUSTSTR.
9
8
GIPSSTRASSE
ROSENTHALER
TUCHOLSKYSTR.
5
AUGUSTSTR.
SOPHIENSTR.
4
3
2
ORANIENBURGER TOR
U
S
ORANIENBURGER STRASSE
GROSSE HAMBURGER STR.
START
1
ORANIENBURGER STR.
16
17
18
19
11
12
13
14
15
MONBIJOUPLATZ
10
HACKES MA
FRIEDRICHSTR.
TUCHOLSKYSTR.

Von der Oranienburger Straße mit dem ehemaligen Kunstzentrum Tacheles geht es zu den berühmten Hackeschen Höfen, danach durch die schicke Neue Schönhauser Straße hinüber zum hippen Rosenthaler Platz. Dort endet die Tour mit einer gemütlichen Runde um den Volkspark am Weinberg.

1 Bonbonmacherei Kolbe und Stecher
2 Kunsthaus Tacheles
3 Herbst Berlin
4 Water to Wine
5 Keyser Soze
6 Sieben Wünsche
7 Knit Knit
8 Clärchens Ballhaus
9 Ruz
10 Maskworld
11 Königliche Porzellan-Manufaktur/The Box
12 Kruck Atelier Cacao
13 Promobo
14 Lisa D
15 Theater Chamäleon
16 Café Cinema
17 Kino Central
18 Neurotitan
19 Monsterkabinett
20 Tukadu
21 Made in Berlin
22 Soma
23 Starstyling
24 Walking the Cat
25 R.S.V.P.
26 St. Oberholz
27 The Circus Hostel
28 Galão A Pastelaria
29 Süße Sünde
30 Glücklich am Park/Kauf dich glücklich
31 Weinerei Forum
32 Funi
33 Frau Tulpe

- Handmade/D.I.Y.
- Shopping
- Essen/Trinken
- Unterhaltung

ca. 150 m

Tourlänge: ca. 5 km
Reine Gehzeit: ca. 1,5 Stunden

Hinterhöfe und Großstadttrubel

Tour Mitte

Wir zeigen euch auf dieser Tour fernab der üblichen Touristentreffs Materialläden, die das Selbermacher-Herz höher schlagen lassen, und Geschäfte mit außergewöhnlichen Konzepten. Die Strecke ist tagfüllend, kann aber auch auf zwei Nachmittage aufgeteilt werden.

Süßer Start in der Bonbonmacherei.

BONBONMACHEREI · Oranienburger Str. 32 (Heckmann Höfe) · S Oranienburger Str. · www.bonbonmacherei.de · 030 44055243 · Mi-Sa 12–20 Uhr (Juli/Aug. Sommerpause)

Los geht es an der **S-Bahn-Haltestelle Oranienburger Straße.** Wir gehen zuerst **zu den Heckmann-Höfen, die sich an der Oranienburger Straße gleich neben der Kreuzung** befinden. Uns lockt der süße Duft der 1 BONBONMACHEREI KOLBE UND STECHER. Von Mittwoch bis Samstag kann man Hjalmar Stecher mehrmals täglich zuschauen, wie er nach traditionellen Rezepten über Feuer gekochte und mit Kupferwalzen geformte Bonbons anfertigt. Die genauen Zeiten der Bonbonschauküche am besten vorher telefonisch erfragen. Nachdem wir ein paar Tüten handgefertigte Bonbons für unsere Lieben ausgewählt haben, starten wir unsere Tour durch Berlin-Mitte.

Auf der Oranienburger Straße gehen wir **nach rechts aus dem Hof** und **laufen die Straße vor** bis zum ehemaligen ② KUNSTHAUS TACHELES. Der Anfang der 1990er Jahre vor dem Abriss gerettete Gebäudeteil des ehemaligen Kaufhaus Wertheim lässt Erinnerungen wach werden an die Künstlerateliers, Galerien, Bars und Cafés und die wunderbaren Partys, Lesungen und Konzerte, die hier bis vor wenigen Jahren stattfanden und dazu beigetragen haben, die Oranienburger Straße wiederzubeleben. Die Künstler sind inzwischen nach Berlin-Marzahn weitergezogen und bauen dort neue Kunstzentren auf.

Entdeckungstour!

Eine kleine Entdeckungstour in den HECKMANN-HÖFEN lohnt auf alle Fälle. Sie sind nicht so stark besucht wie die bekannten Hackeschen Höfe, bieten aber ebenso kleine Läden, Galerien und Ausruhplätze.

HECKMANN-HÖFE · Zugang über Oranienburger Str. 32 oder Auguststr. 9

Vom Tacheles gehen wir **hinüber in die Auguststraße.** Wir bewundern bei ③ HERBST BERLIN die schicken Lederhandtaschen und Accessoires, die in der kleinen Werkstatt hinter dem Verkaufsraum entstehen. **Ein paar Meter weiter** treffen wir auf ④ WATER TO WINE. Für den Designladen der Berliner Stadtmission fertigen lokale Designer aus

Taschen von Monia Herbst.

Das ehemalige Kunsthaus Tacheles.

Bei Water to Wine.

KUNSTHAUS TACHELES (ehemalig) · Oranienburger Str. 54–56 · S Oranienburger Str.

HERBST BERLIN · Auguststr. 86 · S Oranienburger Str. · www.moniaherbst.de · 030 53794623 · Mi-Fr 14–19 Uhr, Sa 12–16 Uhr

WATER TO WINE · Auguststr. 82 · S Oranienburger Str. · www.watertowine-upcycling.de · 0151 56798627 · Di-Fr 11–19 Uhr, Sa 12–19 Uhr

Hund Flash fühlt sich pudelwohl im Knit Knit und probekuschelt mit dem Dekoschaf.

Das Ballhaus bittet zum Schwoof ...

KEYSER SOZE · Tucholskystr. 33/Ecke Auguststr. · S Oranienburger Str./U Oranienburger Tor · www.keyser-soze.de · 030 28599489 · tägl. 7.30–23 Uhr

SIEBEN WÜNSCHE · Tucholskystr. 45 · S Oranienburger Str. · www.sieben-wuensche.de · 030 48638111 · Mo-Fr 10–20 Uhr, Sa 11–20 Uhr

KNIT KNIT · Linienstr. 154 · S Oranienburger Str. · www.knit-knit.de · 030 98366430 · Di-Fr 12–19 Uhr, Sa 11–16 Uhr

CLÄRCHENS BALLHAUS · Auguststr. 24 · S Oranienburger Str./U8 Weinmeisterstr. · www.ballhaus.de · 030 2829295 · tägl. ab 11 Uhr

Kleiderspenden modische Unikate. Außerdem gibt es ausgewählte Vintage-Mode zu kaufen.

Wir ziehen die Auguststraße **vor bis zur Tucholskystraße. Direkt an der Kreuzung** ist **auf der rechten Seite** 5 KEYSER SOZE, wo wir uns einen Latte Macchiato gönnen. Hier kann man bis 18 Uhr frühstücken und jeden letzten Sonntag im Monat gibt es einen Mottoabend mit passenden Speisen und Livemusik.

Koffeingestärkt biegen wir **links in die Tucholskystraße** ein und gehen **vor bis zur Linienstraße. Gleich an der Ecke** stoßen wir auf 6 SIEBEN WÜNSCHE, einen feinen Accessoires-Laden mit hübschen Papier-, Spiel- und Schenksachen. Wir gehen dann **die Linienstraße weiter nach rechts** zu 7 KNIT KNIT.

Dieser kleine Laden ist ein Muss für handarbeitsaffine Selbermacher; die Auswahl ist beeindruckend und die Stimmung sehr angenehm. Auch diejenigen, die sich bislang noch nicht an die Stricknadeln getraut haben, lernen bei Nina Schweisgut den entspannten Umgang mit dem Werkzeug.

Danach gehen wir die **Linienstraße bis zum Koppenplatz und über diesen rechts in die Große Hamburger Straße.** An der **Ecke Auguststraße machen wir einen Abstecher nach rechts,** um einen Blick ins Berliner Urgestein 8 CLÄRCHENS BALLHAUS zu werfen. In dem über 100-jährigen Ambiente findet neben Tanztee oder Tanzabend mit Cha-Cha-Cha und Tango auch ein beliebter Schwoof statt. Das Ballhaus ist klassisch, chic und cool zugleich. Man kann Tanzkurse belegen und den Spiegelsaal für Feste und Feiern mieten.

Wer vor dem Tanzen noch etwas essen möchte, tut dies im Ballhaus selbst – oder im spanischen Restaurant 9 RUZ direkt gegenüber. Abends empfiehlt es sich, Plätze zu reservieren – und mit dem gemischten Tapasteller trifft man auf alle Fälle eine gute Wahl.

Wir gehen **zurück zur Großen Hamburger Straße** und folgen dieser nach rechts. Hier kommen wir auch beim Alten Jüdischen Friedhof vorbei. Am Ende der Straße empfehlen wir, tagsüber, bei gutem Wetter, einen Schwenk nach rechts zum Monbijoupark zu machen. Dort sitzt man unter alten Bäumen mit herrlichem Blick auf Spree und Museumsinsel, für Kinder gibt es in der Mitte des Parks ein kleines Schwimmbecken (kostenpflichtig). Wer sich eher in den Abendstunden auf der angrenzenden Oranienburger Straße aufhält, sollte sich nicht über die leicht bekleideten Damen wundern, die hier ihre Dienste anbieten.

Maskierspaß und ...

... Gruselzeit im Maskworld.

... und so schwooft man.

Wir gehen **am Ende der Großen Hamburger Straße über die Oranienburger Straße** und gelangen zu 10 MASKWORLD. In dem großen Laden über mehrere Etagen kann man einfach mal in neue Rollen schlüpfen und die vielen Masken und Horrorartikel ausprobieren und kaufen. So ein freakiges Foto darf in keinem Berlin-Erinnerungsalbum fehlen!

Die **Ladentür im Rücken** laufen wir nach **rechts in Richtung Hackescher Markt.** Donnerstags und samstags findet auf dem Marktplatz ab 9 Uhr ein toller Wochenmarkt statt, wo man lokale und internationale Köstlichkeiten schlemmen kann.

RUZ · Auguststr. 63 · S Oranienburger Str./U8 Weinmeisterstr. · www.restaurant-ruz.de · 030 28097788 · tägl. ab 9.30 Uhr

MASKWORLD · Oranienburger Str. 86a · S Hackescher Markt/ U8 Weinmeisterstr. · www.maskworld.com · 030 6528266 · Mo-Sa 10–22 Uhr

„Weißes Gold“ ...

... und liebe Grüße aus Berlin.

Bianka hat ein potentielles Lieblingsstück bei Lisa D gefunden.

KRUCK ATELIER CACAO · Hof VIII* · www.kruck-atelier-cacao.de · 030 25292326 · März-Nov. tägl. 10–21 Uhr/Okt.-Feb. tägl. 11–19 Uhr

PROMOBO · Hof III und IV* · www.promobo.de · 030 30347 671 · Mo-Fr 10–20 Uhr, Sa 10–22 Uhr

KÖNIGLICHE PORZELLAN-MANUFAKTUR/The Box · Hof III* · www.kpm-berlin.de · 030 24048701 · Mo-Sa 11–19 Uhr

LISA D · Hof V* · www.lisad.com · 030 2834354 · Mo-Sa 11–19.30 Uhr

THEATER CHAMÄLEON · Hof I* · www.chamaeleonberlin.com · 030 4000590

*Hackesche Höfe · Rosenthaler Str. 40-41 · S Hackescher Markt/ U8 Weinmeisterstr.

Wir biegen **nach links in die Rosenthaler Straße zu den Hackeschen Höfen** ein. Den Besuch dieses Kleinods sollte man nicht missen, es lohnt sich, einfach hindurchzuschlendern. Besonders ans Herz legen möchten wir euch die feinen Porzellanarbeiten der 11 KÖNIGLICHEN PORZELLAN-MANUFAKTUR, die köstlichen Leckereien im 12 KRUCK ATELIER CACAO und die bunte Vielfalt im 13 PROMOBO. Im Letztgenannten gibt es hübsche Design- und Geschenkartikel lokaler Künstler und kleiner Manufakturen, übersichtlich sortiert in einzelnen Regalfächern.

Ganz in der Nähe ist der Store von 14 LISA D. Die Fashion-Designerin Elisabeth Pranter steckt dahinter, die auch den Laden „Bis es mir vom Leibe fällt“ in Schöneberg betreibt (siehe Seite 126). Sie hat sich zur Aufgabe gemacht, ökologisch sinnvolle Kleidung zu fertigen und Geschichten mit ihrer Mode zu erzählen.

Auch abends sind die Hackeschen Höfe einen Besuch wert. Wir empfehlen, Karten für das Varieté-Theater 15 CHAMÄLEON zu besorgen.

Es gibt so viel zu sehen! Aber uns erwartet auch noch so viel! Deshalb verlassen wir die Hackeschen Höfe nach einem kurzen Rundgang wieder, um **ein paar Meter weiter in den nächsten Hof einzubiegen.**

Das Café Cinema ist neben dem Anne-Frank-Museum.

Bei so viel Street Art müssen wir auch mal mitmachen.

Dieser nennt sich Haus Schwarzenberg und ist nicht so glatt und chic wie die Gegend drumherum.

Neben den unzähligen Graffitis und der Street Art entlang der Hauswände (die übrigens jede Woche anders aussehen), gibt es hier – um nur einiges aufzuzählen – das Anne-Frank-Museum, das Museum Blindenwerkstatt Otto Weidt, das nostalgisch-gemütliche 16 **CAFÉ CINEMA**, das kleine, behagliche

Das gelbe Leuchtschild weist den Eingang zum Monsterkabinett.

17 **KINO CENTRAL** (im Sommer auch Freiluftkino), das Monsterkabinett und den Galerie-Shop Neurotitan.

CAFÉ CINEMA · Hinterhof** · 030 2806415 · täglich 12–4 Uhr

KINO CENTRAL · Hinterhof** · www.kino-central.de · 030 28599973

**Hof Haus Schwarzenberg · Rosenthaler Str. 39 · S Hackescher Markt/U8 Weinmeisterstr. · www.haus-schwarzenberg.org

Neurotitan bietet eine riesige Bandbreite an Werken lokaler Künstler und Designer.

Im Galerieshop **18 NEUROTITAN** gibt es einen Querschnitt der Berliner Künstlerkultur zu entdecken – von Comics über Bücher kleinerer Verlage bis hin zu siebbedruckten Klamotten. Auch Werke der Illustratorin unserer Stadtkarten, Marie Geißler, sind darunter zu finden. Der Shop befindet sich im Obergeschoss des hinteren Gebäudes und ist Dreh- und Angelpunkt des Vereins Schwarzenberg, der jungen Künstlern eine Plattform bietet.

Das **19 MONSTERKABINETT** beherbergt handgemachte Maschinen, die mehr liebenswerte Phantasiegeschöpfe als Monster sind. Ins Leben gerufen wurde es von der Künstlergruppe Dead Chicken, Gründungsmitgliedern des Vereins Schwarzenberg. Eine blecherne Kreatur im Hinterhof weist auf den Eingang hin. Per Geldeinwurf unternimmt sie Flugversuche und klappert mit den Wimpern. Die Führung/Show dauert etwa 20 Minuten.

MONSTERKABINETT · 2. Hinterhof/Keller** · www.monsterkabinett.de · Do 18–22 Uhr, Fr/Sa 16–22 Uhr (letzte Show 21.30 Uhr, ab 6 Jahren, max. 8 Pers.)

NEUROTITAN · 2. Hinterhof** · www.neurotitan.de · 030 30872576 · Mo-Sa 12–20 Uhr

**Hof Haus Schwarzenberg · Rosenthaler Str. 39 · S Hackescher Markt/U8 Weinmeisterstr. · www.haus-schwarzenberg.org

Gegen Geldeinwurf unternimmt das Blechmonster Flugversuche – wenn es einem wohlgesonnen ist.

D.I.Y.
siehe Seite 142

Abstecher zum Alex

Vom Hackeschen Markt sind es nur wenige Meter zum berühmten Alexanderplatz mit Fernsehturm und Weltzeituhr.

Auch einen Platz für Liebhaber selbst gemachter Produkte gibt es am Alex: **AUS BERLIN** – das Kaufhaus für Produkte aus Berlin befindet sich gegenüber dem Fernsehturm. Dort findet man von über 300 lokalen Machern hippe Klamotten, stylische Geschenkartikel sowie Musik und Bücher von Kleinverlagen. Auf der Website gibt es auch einen Berlinguide mit Übernachtungstipps.

AUS BERLIN · Karl-Liebknecht-Str. 9 · U/S Alexanderplatz · www.ausberlin.de · 030 41997896 · Mo-Sa 10–20 Uhr

Danach stürzen wir uns in den typischen Berlin-Mitte-Trubel. **Gegenüber vom Hofausgang** wartet schon das 20 **TUKADU**. Verrückte Perlen, selbstgemachter Modeschmuck abseits vom Mainstream und eine immer charmant-verrückte Schaufensterdeko zeichnen diesen süßen Laden aus.

Das Schaufenster des Tukadu.

TUKADU · Rosenthaler Str. 46/47 · S Hackescher Markt/U8 Weinmeisterstr. · www.tukadu.com · 0302836770 · Mo-Sa 11–20 Uhr

Zissy im Walking the Cat …

… und auch Bianka ist tierisch unterwegs.

MADE IN BERLIN · Neue Schönhauser Str. 19 · S Hackescher Markt/U8 Weinmeisterstr. · www.kleidermarkt.de · 030 21230601 · Mo-Sa 12–20 Uhr

SOMA · Alte Schönhauser Str. 27 · U8 Weinmeisterstr. · www.soma-berlin.de · 030 28193 80 · Mo-Sa 12–20 Uhr

STARSTYLING · Mulackstr. 4* · www.starstyling.net · 030 97005182 · Mo-Sa 12–19 Uhr

WALKING THE CAT · Mulackstr. 7* · www.walkingthecat.de · 030 20658458 · Mo-Fr 10–16 Uhr

R.S.V.P. · Mulackstr. 14 * · www.rsvp-berlin.de · 030 28094644 · Mo-Do 11–19 Uhr, Fr/Sa 11–20 Uhr

* alle: U8 Weinmeisterstr./ U8 Rosenthaler Platz oder U2 Rosa-Luxemburg-Platz

ST. OBERHOLZ · Rosenthaler Str. 72a · U8 Rosenthaler Platz · www.sanktoberholz.de · Mo-Do 8–24 Uhr, Fr/Sa 8–3 Uhr, So 9–24 Uhr

THE CIRCUS HOSTEL · Weinbergsweg 1a · U8 Rosenthaler Platz · www.circus-berlin.de · 030 20003939

Nach dem Besuch biegen wir **rechts bei der Apotheke** ab **in die Neue Schönhauser Straße.** Bekannte große Marken reihen hier ihre Flagship-Stores aneinander. Wir haben es aber auf den Kleidermarkt 21 MADE IN BERLIN abgesehen. Dort gibt es Vintage-Stücke und coole Second-Hand Klamotten. Dienstags zwischen 12–15 Uhr ist Happy Hour mit 20 Prozent Rabatt.

Wir **gehen die Neue Schönhauser Straße weiter entlang,** die ab der Kreuzung zur Alten Schönhauser Straße wird. **Auf der linken Straßenseite** liegt 22 SOMA. Der hippe Laden behauptet sich hier schon seit über 10 Jahren und ist voll von Klamotten und Alltagsdingen kleiner lokaler und internationaler Labels.

Im weiteren Verlauf der „Alten Schönhauser" biegen wir **nach links in die Mulackstraße** ab. Da entdecken wir 23 STARSTYLING, wo coole selbst gemachte Klamotten mit holographisch glänzenden Elementen locken. Gleich an der nächsten Ecke galoppieren wir eine Runde durch 24 WALKING THE CAT, einem feinen, kleinen Laden für Kinderklamotten. Die Label sind sehr ausgewählt und der Laden hat seinen ganz eigenen Charme, was nicht zuletzt an der wundervollen Besitzerin liegt, die unser verrückter Besuch sehr erheitert.

Einige Hausnummern weiter gelangen wir zu 25 R.S.V.P., wo man kleine Papierschönheiten und attraktive Schreibwaren aus der ganzen Welt bekommt. Für Papierliebhaber ist der Laden ein Muss!

Wir gehen die **Mulackstraße bis zum Ende** und **von dort nach rechts in die Kleine Rosenthaler Straße,** dann **links in die Linienstraße,** danach **rechts in die Rosenthaler Straße** – und stehen schließlich am belebten **Rosenthaler Platz.** Hier befindet sich das 26 ST. OBERHOLZ – legendäre Gaststätte und Co-Working Space zugleich. Man munkelt, dass in dieser hippen Lokalität schon so manches große

Papierschönheiten im R.S.V.P.

Hip – hipper – St. Oberholz.

Glücklich am Park haben ein allumfassendes Lifestyle-Konzept.

Projekt beschlossen und dingfest gemacht wurde. Auf der Straßenseite gegenüber liegt das 27 THE CIRCUS HOSTEL (siehe Seite 9).

Wir haben auch noch Großes vor und **ziehen weiter den Weinbergsweg entlang.** Links und rechts locken viele Köstlichkeiten und es wird auch langsam Zeit für einen kleinen Snack!

Wir empfehlen hier unbedingt auf der rechten Straßenseite die 28 GALÃO A PASTELARIA, mit ihren typisch portugiesischen Snacks und auf der linken Seite den kleinen Eisladen 29 SÜSSE SÜNDE.

Weiter die Straße entlang gelangen wir zum Volkspark am Weinberg. Im Sommer trifft man sich hier gerne auf eine Weinschorle. Am oberen „Berg" gibt es auch einen großen, schönen Spielplatz.

Dort, **wo der Weinbergsweg die Fehrbelliner Straße kreuzt,** wartet schon unsere nächste Empfehlung. 30 GLÜCKLICH AM PARK gehört zur kleinen Ladenkette KAUF DICH GLÜCKLICH. Der Laden bietet fein ausgewählte Klamotten, Bücher, Musik, Geschirr und Spielzeug-Gimmicks; das Café köstliche Waffeln und leckeren Cappuccino.

Wir **biegen in die Fehrbelliner Straße ein** und **gehen an der nächsten Ecke quer über die Straße** zum 31 WEINEREI FORUM. Tagsüber gibt es leckere selbst gebackene Kuchen, günstige Mittagsmenüs und frisch gekochte Suppen.

Im Weinerei Forum.

GALÃO A PASTELARIA · Weinbergsweg 8 · U8 Rosenthaler Platz · www.galao-berlin.de · 030 44046882 · Mo-Fr 7.30–20 Uhr, Sa 8–20 Uhr, So 9–19 Uhr

SÜSSE SÜNDE · Weinbergsweg 21 · U8 Rosenthaler Platz · tägl. ab 11.30 Uhr

GLÜCKLICH AM PARK · Kastanienallee 54 · U8 Rosenthaler Platz · www.kaufdichglueck lich.de · 030 41725651 · tägl. 10–23 Uhr

WEINEREI FORUM · Fehrbelliner Str. 57 · U8 Rosenthaler Platz · www.weinerei.com · 030 4406983 · tägl. 10–24 Uhr

Für Flohmarkt-Fans !

Vom Park aus gibt es eine Extraroute für Wochenendbesucher, die auf Flohmärkte stehen. Mehr dazu auf Seite 69.

Aus Alt mach schön!

Berlin ist auch die Hauptstadt des Upcyclings. Nicht weit von unserer Tourroute liegt in der Anklamer Straße **THE UPCYCLING FASHION STORE**. Dort findet man Schönheiten von kleinen Design-Labels, die beispielsweise aus Stoffresten aus der Modeindustrie entstanden sind. Um dorthin zu gelangen, einfach vom Weinerei Forum die Fehrbelliner Straße weiter bis zur Anklamer Straße laufen und links einbiegen.

THE UPCYCLING FASHION · Anklamer Str. 17 · U8 Bernauer Str. · www.upcycling-fashion.de · Mo-Fr 11–19 Uhr, Sa 12–19 Uhr

Frau Tulpes Nähparadies.

FUNI · Veteranenstr. 17 · U8 Rosenthaler Platz · www.funi-berlin.de · 030 49801258 · Mo 13–20 Uhr, Di-Sa 10–20 Uhr

FRAU TULPE · Veteranenstr. 19 · U8 Rosenthaler Platz · www.frautulpe.de · 030 44327865 · Mo–Fr 10–20 Uhr, Sa 11–18 Uhr

Dieses Lokal ist sehr beliebt, bei manchen sogar als Büroersatz. Damit das nicht überhandnimmt, sind mittags Laptops nicht erwünscht. Allabendlich ab 20 Uhr werden Weinproben veranstaltet.

Gestärkt ziehen wir **weiter in die Veteranenstraße** zu 32 **FUNI**. Hier produzieren und verkaufen Martina Janker und Nina Blundell ihre wunderbar lustig-smarten Postkarten (siehe Seite 70), Shirts und Wohnobjekte, außerdem gibt es die Werke anderer (Berliner) Kreativschaffenden. Wir würden am liebsten den halben Laden einpacken!

Nie um einen witzigen Spruch verlegen: die Mädels von Funi.

Aber halt, da muss noch Platz bleiben im Shoppingbeutel! Denn nur **zwei Häuser weiter** lockt 33 **FRAU TULPE** wahrhaftiges Nähparadies mit bezaubernden, bunten Stoffen. Den Stoffladen mit seiner außergewöhnlichen Präsentation der Ware gibt es schon seit über 10 Jahren und er ist im Bereich Nähen eine wahre Instanz.

Hier endet auch unsere Tour durch Berlin-Mitte. Zur nächsten U-Bahn-Sation einfach vor bis zur Rosenthaler Straße gehen und nach links abbiegen.

Markt-Empfehlungen

Für Fans von Märkten und Flohmärkten haben wir noch ein paar Abstecher parat: Direkt vor der **Zionskirche** findet donnerstags ein gemütlicher **BAUERN- UND ÖKOMARKT** mit regionalen und mediterranen Spezialitäten statt.

Von der Zionskirche aus gelangt man über die Swinemünder Straße zum **Arkonaplatz**, wo sonntags idyllisch unter Linden ein schöner, nicht überlaufener **TRÖDELMARKT** ist. Schon Heinrich Zille, der berühmte Berliner Karikaturist, hielt das rege Markttreiben Anfang des 20. Jahrhunderts in seinen Bildern fest. Auf dem Markt gibt es fantastische Einzelstücke, vor allem tolle Lampen.

Vom Arkonaplatz aus geht es über die Wolliner Straße und die Bernauer Straße (rechts einbiegen) zum weit über die Stadtgrenze hinaus bekannten **MAUERPARK-FLOHMARKT**. Was man da nicht findet, das gibt es nicht! Auch Straßenmusiker und eine einzigartige Open-Air-Karaoke-Show locken hier jeden Sonntag. Letztere muss man gesehen haben – die Atmosphäre ist fantastisch und der Kanadier Joe Hatchiban, Initiator und Moderator des Ganzen, ist eine Lokalberühmtheit. Seine Show läuft bei gutem Wetter ab 15 Uhr.

BAUERN- UND ÖKOMARKT · Zionskirchplatz · M1/M12 Zionskirche · Do 11–18.30 Uhr

TRÖDELMARKT · Arkonaplatz · U8 Bernauer Str. · So 10–16 Uhr

MAUERPARK-FLOHMARKT · Bernauer Str. 63-64 · U8 Bernauer Str. · www.flohmarktimmauerpark.de · So 8–18 Uhr (außer Feiertage)

BEARPIT KARAOKE (Joe Hatchiban) · www.bearpitkaraoke.com

Buntes Treiben auf dem Mauerpark-Flohmarkt.

KreativKopf: Funi

Smarte Sprüche für alle Lebenslagen.

Die beiden Gründerinnen Nina Blundell und Martina Janker reisten eineinhalb Jahre durch Australien und Asien und kamen mit der zündenden Idee für ein eigenes Label zurück. Seit 2012 betreiben sie erfolgreich ihren Geschenkeladen FUNI SHOP und ihr Designlabel FUNI SMART ART in Berlin-Mitte.

? Wie seid ihr auf die Idee gekommen?
Wir wollten alles noch einmal auf Anfang stellen. Also haben wir unsere Agentur-Jobs geschmissen, die Wohnungen gekündigt und unser Hab und Gut verschenkt, verkauft, gespendet – wirklich alles, bis auf jeweils 15 Kilo, gestopft in einen Backpack. Dann sind wir nach Australien geflogen. Dort, irgendwo im Nirgendwo, ohne Handy- oder Internetempfang, kam der Geistesblitz. Die FUNI-Idee war geboren.

? Was steckt hinter dem Labelnamen?
Ein australisches Pandabärmädchen mit Namen Funi. Wir fanden sie extrem süß und der Name hat uns dann weiter begleitet.

? Warum macht ihr, was ihr tut?
Wir haben uns beide schon immer privat und auch beruflich mit Kunst und Design beschäftigt. Wir arbeiteten als Texterin, Konzepte-

FUNI-Shop · Veteranenstr. 17 · U8 Rosenthaler Platz · www.funi-berlin.de und www.funi-smart-art.com · 030 49801258 · Mo 13–20 Uhr, Di-Fr 11–20 Uhr, Sa 11–19 Uhr

rin und Projektmanagerin (Nina) beziehungsweise Mediendesignerin und Illustratorin (Martina). Uns selbst und anderen Designern eine kreative Offline-Plattform geschaffen zu haben, ist natürlich ein Traum für uns.

? Wo findet ihr Inspirationen?
Unterwegs – online und offline. Wir haben immer unser kleines Sprüchebüchlein dabei, in dem wir lustige Versprecher, Kommentare und Aussagen gleich festhalten.

? Welches Produkt ist besonders beliebt?
Unsere Magnete, Poster, Postkarten, Tassen mit dem Spruch: Alles lief nach Plan. Nur der Plan war halt irgendwie scheiße.

? Warum Berlin? Was liegt hier in der Luft?
Multi-Kulti. Vielfalt. Möglichkeiten. Geschichte. Dass die Base für Funi in Berlin sein muss, war uns schnell klar. Berlin ist DIE Stadt, wenn es um Start-ups und Kreativität geht. Wir stammen aus München – da hat man es als Gründer nicht so leicht – vor allem, wenn man eine Immobilie für einen Kreativ-Laden sucht.

Martinas und Ninas Lieblingsplätze:

Frühstück: Crêpe-Varianten im LA BIGOUDÈNE Zionskirchstr. 28 (Mitte)

Shopping: der außergewöhnliche Magazinladen DO YOU READ ME?! Auguststr. 28 (Mitte)

Unterhaltung: KULTURBRAUEREI – da gibt es Kino, Billard, Clubbing und Poetry Slams Schönhauser Allee 36 (Prenzlauer Berg)

Drink: Bar SUZIE MAMBO Veteranenstr. 16 (Mitte)

Restaurant: einfach mal zu uns kommen – wir verraten euch Geheimtipps hier im Kiez

Floh-/Trödelmarkt: sonntags am ARKONAPLATZ (Mitte)

Mit aufgepeppten Weinkisten haben die Funis auch ihren Laden in Berlin-Mitte gestaltet.

D.I.Y.
siehe Seite 142

Neukölln

Neukölln (ehemals West-Berlin) liegt im südlichen Teil Berlins und entwickelt sich zu einem der buntesten und lebendigsten Stadtbezirke Berlins. Geprägt durch die Zuwanderung von Menschen unterschiedlicher Ethnien, Kulturen und Religionen, sind es vor allem Einwohner mit Migrationshintergrund aus arabischen Ländern, die hier in einem Spannungsfeld zwischen Tradition und Anpassung leben. Im nördlichen Neukölln, auch Kreuzkölln genannt wegen seiner Nähe zu Kreuzberg, hat sich ein Szenebezirk entwickelt, der Touristen besonders wegen seiner rauen Authentizität anzieht. Vor allem die Gegend rund um die Weserstraße ist en vogue mit ihren Bars ohne Tapete und Flohmarkt-Interieur sowie Second-Hand-Läden mit integrierten Cafés.

Neukölln entstand aus fünf historischen Ortsteilen. Die Dorfkerne Rixdorf mit dem Böhmischen Dorf, Britz mit Gutshof und Schloss sowie Buckow mit der ältesten Feldsteinkirche Berlins sind bis heute erhalten geblieben und vermitteln einen fast ländlichen Charme.

Mit seinen rund 310.000 Einwohnern ist Neukölln nicht nur ein Stadtteil, es ist ein Lebensgefühl, bisweilen auch eine Herausforderung. Ein wildes Durcheinander an Waren, Menschen und Gerüchen bestimmt das Gesicht des Bezirkes. Die lebendige Kiezkultur, die sich nicht zuletzt durch die kulturelle Vielfalt ergibt, ist typisch für Neukölln. Ein Leben in Neukölln fordert gegenseitigen Respekt und Toleranz, kann aber umso inspirierender sein, wenn man sich auf ungewöhnliche Situationen, Orte und Begegnungen einlässt.

KreativTour Neukölln

Wir starten in „Kreuzkölln", dem nördlichen Teil Neuköllns, der an Kreuzberg grenzt und derzeitiges In-Viertel Berlins ist. Rings um Reuter-, Weser- und Hobrechtstraße trifft sich die Kunst- und Subkultur und zusammen mit rauem Neuköllner Charme und aufregendem Nachtleben entsteht ein anziehendes Gemisch.

1 Hüttenpalast
2 Buchkönigin
3 The Home Project
4 La Femme
5 Çarik Kuruyemi
6 Soultrade Reccordstore
7 Sing Blackbird
8 Wochenmarkt am Maybachufer (Türkenmarkt)
9 Ankerklause
10 Neuköllner Stoff
11 Nowkoelln Flowmarkt
12 Fräulein Frost
13 SDW Neukölln
14 Rütli Wear
15 Nadelwald
16 Ekstase 51
17 Bullys Bakery
18 Eismanufaktur
19 Misuki
20 Captn Crop
21 Kurz & Klein
22 Sauvage
23 Croissanterie
24 Berlinburger International
25 Al-Jazerra

- Handmade/D.I.Y.
- Shopping
- Essen/Trinken
- Unterhaltung

ca. 150 m

Tourlänge: ca. 7,2 km
Reine Gehzeit: ca. 2 Stunden

weiter geht's auf Seite 77

KreativTour Neukölln

Im Süden der Tourroute geht es vom beliebten Klunkerkranich, hoch über den Dächern Neuköllns, mit lohnenswerten Zwischenstopps zum alten Flughafen Tempelhof, wo zwischen einstigen Start- und Landebahnen gesportelt und gegärtnert wird.

26 Klunkerkranich
27 Curious Fox
28 Lavanderia Vecchia
29 Veist Kleidergeschichten
30 Café Engels
31 Allmende-Kontor
32 Picnic Berlin
33 Rundstück Warm

- Handmade/D.I.Y.
- Shopping
- Essen/Trinken
- Unterhaltung

ca. 150 m

hier geht's zum Nordteil der Tour auf Seite 75
MAINZER STR.
REUTERSTR.
26
27
28
KARL-MARX-STR.
RATHAUS NEUKÖLLN
U
HERMANNSTR.
FLUGHAFENSTR.
AMM
BODDINSTR.
U
BODDINSTR.
MAINZER STR.
ER STR.
29
ROLLBERGSTR.
WEISESTR.
WERBELLINSTR.
MORUSSTR.
HERRFURTH STR.
FALKSTR.
HERMANNSTR.
ENITZER STR.
ALLERSTR.
WEISESTR.
33
OKERSTR.
ZIEL
LEINESTR.
U
LEINESTR.

Märkte und Subkultur

Tour Neukölln

In Neukölln sind Stoffjunkies genau richtig, denn hier finden regelmäßig Stoffmärkte statt. Die besten Tage für unsere Tour sind Dienstag, Freitag oder Samstag, dann kann man auch am Markttreiben am Maybachufer teilhaben.

Markttreiben am Hermannplatz.

Neukölln hat mit seiner aufkeimenden Kulturszene besonders jungen Berlin-Besuchern einiges zu bieten. Wir laufen vom Hermannplatz **über Kottbusser Damm und Weserstraße zur Hobrechtstraße,** die sich in den letzten Jahren zu einem starken Anziehungspunkt für ein junges Publikum entwickelt hat. Charakteristisch für Neukölln sind Urban Design statt extrovertierter Mode, getreu dem Motto von

Guerilla Crocheting-Fundstück.

HERMANNPLATZ · U7 und U8

Wir starten unsere Tour durch Neukölln **am Hermannplatz,** den man mit der U8 oder der U7 erreicht. Hier findet regelmäßig ein kleiner Wochenmarkt statt. Der Platz liegt zudem günstig: Von hier aus lassen sich viele andere Ziele in Berlin gut erreichen, da die U8 den Süden mit dem Norden und die U7 den Osten mit dem Westen verbindet.

Die Berghütte.

Jeder Wohnwagen im Hüttenpalast hat einen Namen. Das ist die Kleine Schwester.

Modedesignerin Jana Reiche: „Is mir egal, ich lass das jetzt so“, die mit ihrem Label JR Sewing die Szene in der Hobrechtstraße mitgeprägt hat. Heute sind ihre originellen Fashion-Statements über ihren Onlineshop (www.jr-sewing.de) und bei Aus Berlin (siehe Seite 65) erhältlich.

Auf der linken Straßenseite gelangen wir zu einem der außergewöhnlichsten Hotels der Stadt: dem 1 HÜTTENPALAST. In alten Fabrikhallen ist ein Indoor-Campingplatz entstanden. Übernachtet wird in aufgearbeiteten Vintage-Wohnwagen oder Holzhütten. Ein besonderes Erlebnis auch für Feste mit Freunden! Außerdem gibt es einen kleinen Garten im Innenhof, ein nettes Café und barrierefrei zugängliche Hotelzimmer.

Gleich **nebenan** liegt die 2 BUCHKÖNIGIN – ein wahrhaft schöner Ort zum Stöbern! Regelmäßig finden Lesungen und kleine Ausstellungen statt. Hier werden auch Produkte aus den umliegenden Ateliers freier Kunstschaffender verkauft.

Schmökern bei der Buchkönigin.

HÜTTENPALAST · Hobrechtstr. 66 · U7/8 Hermannplatz · www.huettenpalast.de · 030 37305806 · Café Mo-Fr 8–18 Uhr, Sa/So 8–16 Uhr

BUCHKÖNIGIN · Hobrechtstr. 65 · U7/8 Hermannplatz · www.buchkoenigin.de · 030 22494900 · Mo 11–19 Uhr, Di-Fr 10–19 Uhr, Sa 11–17 Uhr

HOME PROJECT · Hobrechtstr. 28 · U7/8 Hermannplatz · www.the-home-project.com · Mo-Sa 9.30–16 Uhr

LA FEMME · Pflügerstr. 1 · U8 Schönleinstr. · www.lafemmeberlin.de · 030 53604 059 · Mo-Do, So 12–24 Uhr, Fr-Sa 12–1 Uhr

ÇARIK KURUYEMIS · Kottbusser Damm 73 · U8 Schönleinstr. · Mo–Sa 9–20.30 Uhr

SOULTRADE · Sanderstr. 29 · U8 Schönleinstr. · www.soultrade.de · 030 6945257 · Mo, Mi 11–19 Uhr, Di–Fr 11–20 Uhr, Sa 12–18 Uhr

Auf der **gegenüberliegenden Seite** bietet ③ THE HOME PROJECT Wohn- und Gebrauchsstücke, die in kleinen Handwerksbetrieben – zum Teil in der Nachbarschaft – gefertigt werden.

Weiter vorne in der Straße, an der Ecke zum Kottbusser Damm, befindet sich das Lokal ④ LA FEMME. In Neukölln sollte man die türkischen Gaumenfreuden nicht verpassen. Wir empfehlen ein Frühstück mit frischen Sesamringen, Simit genannt, die hier besonders lecker sind. Neben dem La Femme ist die Nuss-Rösterei ⑤ ÇARIK KURUYEMIS, in der es köstliche salzige, süße und scharfe Knabbereien gibt.

Bianka mit Simit im La Femme.

Wir gehen danach **nach rechts** und ein Stück den belebten **Kottbusser Damm hinauf zur Sanderstraße.** Dort erreichen wir nach wenigen Metern ⑥ SOULTRADE RECORDSTORE. Der Plattenladen ...

(weiter auf Seite 84)

Nuss-Rösterei Çarik Kuruyemis.

Streetflair am Kottbusser Damm.

Zissy zeigt dem Spreekarpfen die Stadt.

D.I.Y.
siehe Seite 143

KreativKopf: Bianka Langnickel

Die Autorin lebt das kunterbunte Allerlei.

Bianka und Flash.

Bianka liebt das Gestalten bis zum kreativen Exzess und ist gerne in vielen Aufgabenfeldern heimisch. Sie macht Kreativbücher im Kinder- und Erwachsenenbereich, tummelt sich mit Franziska Heidenreich in „Zweieck"-igen Gewässern und lässt das Visuelle so richtig hochleben.

? Wofür steht der Name Zweieck?
Zweieck steht einerseits für liebevoll in Berlin handgefertigte Accessoires jeglicher Art – vom Loopschal bis zum Lasercut-Ohrschmuck –, andererseits vereinen Zissy (siehe Seite 14) und ich hier unsere publizistischen Tätigkeiten.

? Du beherrschst die verschiedensten Kreativtechniken. Wo hast du das alles gelernt?
Die Faszination am Visuellen hat mich schon immer begleitet und sich während der Lehre zur Mediengestalterin für Digital- und Printtechniken und dem anschließenden Masterstudium in Mediengestaltung an der Bauhaus Universität Weimar manifestiert. Begonnen hat die Leidenschaft für Material und das haptische Gestalten wahrscheinlich schon beim Umstylen der geliebten Barbies.

? Heute schreibst du Bücher. Was sonst noch?
Mein Leben ist ein kunterbuntes Allerlei. Meine Aufgabenfelder reichen von Grafikdesign über Fotografie bis hin zum Onlinehandel mit Selbstgenähtem. Einen kleinen Einblick gibt es unter: www.dawanda.com/shop/Zweieck

Auch Sohn Linus war beim Testen der Kreativtouren dabei.

www.zwei-eck.com ·
info@zwei-eck.com ·
0160 97585230

Wo findest du Inspirationen?
In einer Stadt wie Berlin findet man selbst am kleinsten Detail noch etwas reizvoll Inspirierendes. Mein Umfeld spornt mich an, meine Umwelt mitgestalten zu wollen und einen Beitrag zu leisten für die Freiheit des künstlerischen Denkens.

Was braucht es noch, um kreativ zu sein?
Geduld! Die Barriere zwischen der eigentlichen, spontanen und meist noch jungfräulichen Idee bis zur letztendlichen Umsetzung ist manchmal schwer zu überwinden, da besonders Handarbeiten viel Genauigkeit erfordern.

Warum Berlin? Was liegt hier in der Luft?
An Berlin schätze ich das alltägliche Chaos um mich herum; auch dass man nie aus dem Staunen herauskommt. Außerdem die unglaubliche Vielfalt an Charakteren, spannenden Orten und kulturellen Angeboten.

Biankas Lieblingsplätze:

Frühstück: veganes Frühstück im CAFÉ ENGELS mit anschließendem Spaziergang auf dem Tempelhofer Feld Herrfurthstr. 21 (Neukölln)

Shopping: immer dienstags und freitags STOFFMARKT AM MAYBACHUFER Maybachufer zwischen Kottbusser Damm und Hobrechtstr. (Neukölln)

Unterhaltung: das wunderbare Kleinod BAR JEDER VERNUNFT mit Theater, Restaurant und Biergarten Schaperstr. 24 (Wilmersdorf)

Drinks: das Cocktailsortiment im WÜRGEENGEL durchforsten Dresdener Str. 122 (Kreuzberg)

Restaurant: KNOFI im Bergmannkiez Bergmannstr. 98 (Kreuzberg)

Nightlife: auf dem KLUNKERKRANICH den Sonnenuntergang genießen und dann ins KREUZBERGER NACHTLEBEN abtauchen Karl-Marx-Str. 66 (auf dem Dach der Neukölln Arcaden)

Floh-/Trödelmarkt: NOWKOELLN FLOWMARKT jeden zweiten Sonntag Maybachufer zwischen Friedelstr. und Pannierstr. (Neukölln)

Bianka liebt Stoff und Selbstgenähtes. Die Blüte ist perfekt, um Stoffreste zu verwerten.

Ein Besuch hier ist ein Fest für die Sinne.

SING BLACKBIRD · Sanderstr. 11 · U8 Schönleinstr. · www.singblackbird.tumblr.com · 030 54845051 · Mo-So 13–19 Uhr

... entstand im Umfeld von Jazzanova, einem Berliner DJ- und Produzentenkollektiv. – Ein Eldorado für Platten- und Musikliebhaber.

Ebenfalls **in der Sanderstraße** befindet sich das 7 SING BLACKBIRD – eine spannende Mischung aus Vintage-Laden und Café.

In der Hobrechtstraße wartet manche Entdeckung.

Markt am Maybachufer.

Vom Sing Blackbird gehen wir wieder **ein paar Meter zurück zur Hobrechtstraße** und **biegen rechts ein.** Auf der Straße mit schönen Altbauten und Kleinoden, wie einem mit viel Liebe dekoriertem Balkon bei Haus Nr. 45, gelangen wir zum **Maybachufer.**

Immer dienstags und freitags findet am Maybachufer der bekannte und beliebte 8 **WOCHENMARKT AM MAYBACHUFER** („Türkenmarkt") statt. Neben kulinarischen Köstlichkeiten aus aller Welt werden auch Gemüse, Obst und Stoffe zu unschlagbar günstigen Preisen verkauft. Direkt an der Ecke zum Kottbusser Damm liegt die beliebte Kneipe 9 **ANKERKLAUSE** mit legendärer Jukebox, riesiger Frühstückskarte und bestem Blick auf das lebhafte Markttreiben. Ruhesuchenden empfehlen wir die über dem Landwehrkanal schwebende Terrasse auf der Rückseite.

Samstags breiten Stoffhändler ihre Ware am Maybachufer zwischen Kottbusser Damm und Friedelstraße aus. Auf dem Markt 10 **NEUKÖLLNER STOFF** gibt es eine wunderbare Auswahl an Stoffen, außerdem zahlreiche Kunst- und Designstände mit handgemachten Produkten.

WOCHENMARKT AM MAYBACHERUFER · Maybachufer (Kottbusser Damm bis Friedelstr.) · U8 Schönleinstr. · www.tuerkenmarkt.de · Di, Fr 11–18.30 Uhr

ANKERKLAUSE · Kottbusser Damm 104 · U8 Schönleinstr. · www.ankerklause.de · 030 6935649 · Mo ab 16 Uhr, Di-So ab 10 Uhr

NEUKÖLLNER STOFF · Maybachufer (Kottbusser Damm bis Friedelstr.) · U8 Schönleinstr. · www.neukoellner-stoff.de · Sa 11–17 Uhr

Beliebter Treff am Maybachufer: die Ankerklause.

Bianka im Stoffrausch auf dem Markt am Maybachufer.

Fräulein Frosts Eisträume.

Siebdruck in Eigenregie bei SDW Neukölln.

NOWKOELLN FLOWMARKT · Maybachufer 31 (Friedelstr. bis Pannierstr.) · U8 Schönleinstr. · www.nowkoelln.de · jeden zweiten Sa

FRÄULEIN FROST · Friedelstr. 39 · U8 Schönleinstr. · 0179 5380898 · Mo-So 13–20 Uhr, Sa/So 12–20 Uhr (März-Okt.)

SDW NEUKÖLLN · Pflügerstr. 11 · U8 Schönleinstr. · www.sdw-neukoelln.de · 030 51059745 · Di-Fr 10–19 Uhr

RÜTLI WEAR · Pflügerstr. 11 · U8 Schönleinstr. · www.ruetli-wear.de · 030 51059745 · Di-Fr 10–19 Uhr

NADELWALD · Friedelstr. 11 · U7/8 Hermannplatz · www.nadelwald.me · 030 68814731 · Di, Do 10–18 Uhr, Mi, Fr 13–21 Uhr, Sa 13–18 Uhr

EKSTASE 51 · Friedelstr. 51 · www.ekstase51.de · 030 85075611 · Di-Fr 13–19 Uhr, Sa 13–18 Uhr

BULLYS BAKERY · Friedelstr. 7 · U7/8 Hermannplatz · www.bullysbakery.com · 030 25325500 · Mo-Fr 7–18 Uhr, Sa 9–18 Uhr, So 10–18 Uhr

Im zweiwöchigen Rhythmus findet weiter hinten am Maybachufer der 11 NOWKOELLN FLOWMARKT statt. Der Flohmarkt ist ein echtes Original, bei dem zumeist Privatpersonen Kleidung, Musik und Handmade-Sachen zu moderaten bis spotbilligen Preisen anbieten.

Wir laufen das **Maybachufer vor zur Friedelstraße** mit ihren kleinen Läden und Lokalen. Unser erstes Ziel ist 12 FRÄULEIN FROST. Sie bietet leckeres, selbstgemachtes Eis in unglaublich vielen, auch exotischen und veganen, Sorten.

An der **Ecke Pflügerstraße** verlassen wir die Friedelstraße kurz und machen einen **Schlenker nach links** zu 13 SDW NEUKÖLLN. SDW steht für Siebdruckwerkstatt. In der offenen Werkstatt kann jeder Poster, Textilien und mehr selbst drucken oder bedrucken lassen. In unregelmäßigen Abständen finden auch Lesungen, Konzerte und Ausstellungen statt.

In der SDW entsteht auch 14 RÜTLI WEAR. Das Label startete 2006 als Kampagne gegen die Brandmarkung der Neuköllner Rütli-Hauptschule durch die Medien als Synonym für verfehlte Bildungs- und gescheiterte Integrationspolitik. Die Klamotten werden von Schülern entworfen und produziert und die Einnahmen kommen der Schule zugute.

Wir gehen **zurück zur Friedelstraße, biegen links ein** und laufen vor zu 15 NADELWALD, einem Co-Sewing Space, ähnlich einem Nähcafé. Die offene Werkstatt der charismatischen Swantje Wendt bietet professionell eingerichtete Arbeitsplätze, flexible Arbeitszeiten und Workshops rund ums Thema Nähen.

Auf der **gegenüberliegenden Straßenseite** entdecken wir 16 EKSTASE 51 – der Geheimtipp für Edel-Trödel in Berlin-Neukölln. Die Möbel, Lampen und Wohnaccessoires stammen überwiegend aus den

1950er bis 1970er Jahren und werden in charmantem Wohnzimmerambiente präsentiert.

Bianka mit Swantje Wendt von Nadelwald.

An der **Ecke Friedelstraße/Weserstraße** liegt 17 BULLYS BAKERY. Hier gibt es sehr leckere, knusprig-dünne Flammkuchen. Wer noch kann, sollte zum Nachtisch einen der wunderbaren hausgebackenen Kuchen probieren. Wem der Appetit eher nach Eis steht, der ist gleich gegenüber bei der 18 EISMANUFAKTUR richtig. Das hochwertige Eis gibt es auch in veganen Varianten. Uns schmeckt das Karamell Fleur de Sel ganz hervorragend.

Wir gehen die **Weserstraße** vor bis **zum Reuterplatz.** Links **in der Reuterstraße** treffen wir zuerst auf 19 MISUKI. In dem kleinen, feinen Laden gibt es neben Designartikeln ausgewählter Label auch viel Handgemachtes aus Berlin.

Kleine Köstlichkeiten für zwischendurch gibt es bei Bullys Bakery.

Bei Ekstase 51 ist jeden Tag Flohmarkt.

EISMANUFAKTUR · Weserstr. 6 · U7/8 Hermannplatz · www.eismanufaktur-berlin.de · 0175 5025985 · tägl. ab 12 Uhr (Eisverkauf März – Okt.)

MISUKI · Reuterstr. 53 · U7/8 Hermannplatz · www.misuki.de · 030 956 24 267 · Mo-Fr 11–20 Uhr, Sa 13–18 Uhr

Neuköllner Nightlife!

Wer im Nightlife schnuppern möchte, findet in der Weserstraße angesagte Locations: die gemütliche Bar **TIER** und die Programmwirtschaft **Ä** liegen in Höhe Fuldastraße. Ecke Pannierstraße ist das **SOULCAT** mit Musik der 1950er und 1960er Jahre. Weiter Richtung Hermannplatz folgen das queere **SILVERFUTURE**, das im 1970er Stil gehaltene **KUSCHLOWSKI** sowie Restaurant und Cocktailbar **FUCHS UND ELSTER**.

TIER · Weserstr. 42* · tägl. ab 19 Uhr

Ä · Weserstr. 40* · www.ae-neukoelln.de · 030 30648751 · tägl. ab 17 Uhr

SOULCAT · Pannierstr. 53* · www.soulcat-berlin.com · Mo-Sa ab 19 Uhr

SILVERFUTURE · Weserstr. 206* · www.silverfuture.net · 030 75634987 · tägl. ab 17 Uhr

KUSCHLOWSKI · Weserstr. 202* · www.kuschlowski.de · 0176 24389701 · tägl. ab 20 Uhr

FUCHS UND ELSTER · Weserstr. 207* · www.fuchsundelster.com · Café-Bar tägl. ab 14 Uhr, Restaurant ab 18 Uhr, Cocktailbar ab 20 Uhr

*alle U7/8 Hermannplatz

CAPTN CROP · Reuterstr. 52 · U7/8 Hermannplatz · www.captn-crop.com · 0175 6296989 · Di-Fr 15–19 Uhr, Sa 14–18 Uhr

KURZ & KLEIN · Nansenstr. 2 · U7/8 Hermannplatz · www.kurz-klein.de · 030 61675372 · Mo-Fr 11–18 Uhr, Sa 11–16 Uhr

SAUVAGE · Pflügerstr. 25 · U7/8 Hermannplatz · www.sauvageberlin.com · 030 53167547 · Mo-So 18–23 Uhr

CROISSANTERIE · Pannierstr. 56 · U7/8 Hermannplatz · 030 6246079 · Mo-So 7–15 Uhr

BERLINBURGER INTERNATIONAL · Pannierstr. 5 · U7/8 Hermannplatz · www.berlinburgerinternational.com · 0160 4826505 · Mo-Do 12–24 Uhr, Fr-Sa 12–1 Uhr, So 12–22 Uhr

Nebenan hat das junge deutsch-italienische Trio **20 CAPTN CROP** seinen Werkstatt-Laden. Die perfekt gemachten, lässigen Hutkreationen entstehen aus Stoffen „mit Geschichte“.

Hüte mit Charakter von Captn Crop.

Alles für die Kleinsten gibt es im Kurz & Klein.

Wir überqueren den Reuterplatz. **Auf der anderen Seite,** in der Nansenstraße, befindet sich **21 KURZ & KLEIN** mit allem, was Eltern und Babys brauchen – kunterbunt, ökologisch und fair produziert. Außerdem werden professionell begleitete Kurse rund ums Thema Baby angeboten.

Wir gehen die **Nansenstraße** hinauf **bis zur Pflügerstraße.** Hier erwartet uns kurz vor der **Ecke Pannierstraße** das **22 SAUVAGE** – das erste Paleo-Restaurant der Welt! Essen wie in der Steinzeit ist angesagt. Das bedeutet nicht, dass mit den Fingern gegessen wird, sondern vielmehr sind die Speisen frei von Getreide, Gluten, Milchprodukten und pflanzlichen Ölen.

Wir biegen dann **rechts in die Pannierstraße** ein. Diese Straße ist ordentlich herausgeputzt und der raue Neuköllner Look ist schicken Cafés, Bars und Lokalen abseits von Döner und Co. gewichen. Wir gehen auf der rechten Straßenseite vorbei

Entdecke den Franzosen in dir in der Croissanterie.

Beliebter Treff für Burgerfans.

Baklava am laufenden Meter bei Al-Jazeera.

an den Gärten der Kolonie Freie Stunde und gelangen schließlich zu dem kleinen Kiezladen 23 CROISSANTERIE mit seinen wunderbar authentisch-französisch schmeckenden Croissants. Auch die Erdbeer-Rhabarber-Taschen, Rosinenschnecken und Bärlauch-Brötchen sind sehr empfehlenswert.

Burgerfans sollten auf der anderen Straßenseite 24 BERLINBURGER INTERNATIONAL nicht verpassen, der monatlich mit neuen Spezialburger-Kreationen aufwartet.

Wir gehen **weiter zur Sonnenallee** und **biegen rechts ein.** Kurz vor der Ecke Hobrechtstraße befindet sich die türkische Konditorei 25 AL-JAZEERA mit einem überragenden Angebot an Baklava. Wir lassen uns ein kleines Dessertpäckchen zusammenstellen und laufen dann **die Hobrechtstraße hinunter zur Karl-Marx-Straße.** Der Weg führt vorbei an unzähligen kleinen Läden, die, für Neukölln typisch, vom Billig-Handy bis zum perlenbesetzten Brautkleid alles verkaufen. An der **Ecke Flughafenstraße** erreichen wir dann unser nächstes Ziel: die Neukölln Arcaden.

(weiter auf Seite 92)

Abstecher zur Musenstube !

Von der Ecke Pannierstraße/Sonnenallee ist es nicht weit zur MUSENSTUBE, einem Verband von Illustratoren. Einfach links abbiegen und zur Tellstraße vorlaufen. Auf der rechten Straßenseite befindet sich nach wenigen Metern das Atelier. Wenn die Musen da sind, können die limitierten Kleinauflagen ihrer Werke, viel schöner Kleinkram und die Machwerke des JAJA VERLAGS auch vor Ort gekauft werden.

MUSENSTUBE · Tellstr. 2 · U7/8 Hermannplatz · www.musenstube.de und www.jajaverlag.com · (Annette Köhn) 030 22687187

AL-JAZEERA · Sonnenallee 15 · U7/8 Hermannplatz · www.aljazeerakonditorei.de · 030 62725489 · Mo-So 10–22 Uhr

KreativKopf: Nuukk

Kunst und D.I.Y.

Hinter dem kleinen Berliner Label Nuukk steckt Andrea Hild. Die gebürtige Bayreutherin kam zum Kunststudium nach Berlin – und ist aus Liebe zur Stadt geblieben. Hier, im trendigen Neukölln, entstehen ihre zauberhaft gezeichneten Illustrationen.

? Was machst du?

Ich illustriere. Aus meinen Zeichnungen werden dann dekorative Accessoires wie Karten, Kalender, Poster, Lichttüten und vieles mehr. Selbermacher finden bei mir eine große Auswahl an verspielten Stempelmotiven sowie Wand- und Porzellanstickern.

? Wann und wie hat alles begonnen?

2010 im letzten Jahr an der Kunsthochschule. Ich wollte mir neben dem Studium etwas dazuverdienen und begann, selbst illustrierte Kalender und Postkarten auf der Online-Plattform DaWanda zu verkaufen. Nach dem ersten Weihnachtsgeschäft merkte ich, dass das funktioniert, und deswegen habe ich einfach immer weitergemacht. Zeichnen ist das, was ich für mein Leben gern tue.

? Arbeitest du allein oder im Team?

Ich bin allein in meiner (damals noch) Kreuzberger Einzimmerwohnung gestartet. Mittlerweile habe ich eine feste und eine freie Mitarbeiterin, die mich beim Verpacken, Versenden und Zusammenbauen der Stempel unterstützen.

? Was steckt hinter dem Labelnamen?

Nook heißt so etwas wie ‚gemütliche Ecke' auf Englisch. Mir gefiel der Klang, mein Labelname sollte

www.nuukk.com ·
hallo@nuukk.com

aber in Suchmaschinen leicht auffindbar sein. Deshalb musste ich die Schreibung ein wenig verändern. Da Nuuk die Hauptstadt von Grönland ist, kam dann noch ein k ans Ende.

? Was machst du sonst noch?
Ich arbeite nebenher noch als freischaffende Künstlerin: www.andreahild.de

? Wo findest du Inspirationen?
Auf Flohmärkten und in Omas Küchenschrank.

? Welches Produkt ist besonders beliebt?
Meine Stempel und Porzellansticker. Mit den Stempeln kann man super einfach selbst Grußkarten, Geschenkpapier und vieles mehr gestalten. Mit den Porzellanstickern lassen sich Fundstücke aus Omas Küchenschrank wunderbar upcyclen.

? Warum Berlin? Was liegt hier in der Luft?
Ich bin zum Studium hergekommen und möchte nun nicht mehr weg. Hier liegt eine gewisse Lässigkeit in der Luft. Man wird zudem nicht komisch angeschaut, wenn man sagt, was man arbeitet – selbst wenn es kein sogenannter Standard-Beruf ist.

Andreas Lieblingsplätze:

Frühstück: amerikanisches Frühstück im CA.B.SLAM, Innstr. 47 (Neukölln)

Shopping: in der WEINMEISTERSTRASSE (Mitte) und KASTANIENALLEE (Prenzlauer Berg)

Unterhaltung: THEATER SCHAUBÜHNE Kurfürstendamm 153 (Wilmersdorf)

Drink: FUCHSBAU am Landwehrkanal Planufer 96 (Kreuzberg) oder KLUNKERKRANICH mit Dachterrasse über Neukölln Karl-Marx-Straße 66 (auf dem Dach der Neukölln Arcaden)

Restaurant: beim Asiaten DR. TO Weichselstr. 54 (Neukölln)

Nightlife: Konzerte im BERGHAIN Rüdersdorfer Straße 70 (Friedrichshain)

Floh-/Trödelmarkt: den riesigen Indoor-Markt in der ARENA Eichenstraße 4 (Treptow)

Stempeldruck auf Stoff – so einfach und wirkungsvoll.

Weitblick über die Stadt vom Klunkerkranich.

Für Wasserratten!

Eines der schönsten Hallenbäder Europas befindet sich in Neukölln. Einfach die Karl-Marx-Straße weiter südlich bis Ganghoferstraße gehen und links einbiegen zum **STADTBAD NEUKÖLLN**.

STADTBAD NEUKÖLLN · Ganghoferstr. 3 · www.berlinerbaeder.de · 030 6824980

KLUNKERKRANICH · Karl-Marx-Str. 66 · U7 Rathaus Neukölln · www.klunkerkranich.de · 030 666666 · Mo-Sa 10–1.30 Uhr, So 12–1.30 Uhr

CURIOUS FOX · Flughafenstr. 22 · U7 Rathaus Neukölln · www.curiousfoxbooks.com · 030 52664791 · Mo-Sa 10–19 Uhr

LAVANDERIA VECCHIA · Flughafenstr. 46 · U7 Rathaus Neukölln · www.lavanderiavecchia.de · 030 62722152 · Di-Fr 12–14 Uhr/19.30–23 Uhr, So 19.30–23 Uhr

Mit dem Fahrstuhl fahren wir **in den 5. Stock** und gehen von dort aus nach oben zum 26 **KLUNKERKRANICH**. Auf 1000 qm erstreckt sich ein wahres Kleinod. Hier wird Urban Gardening gelebt. Im selbst gezimmerten Holzhäuschen sind Bar und Café untergebracht. Auf der großen Terrasse sitzt man auf Handmade-Mobiliar und genießt einen wunderbaren Panoramablick über Berlin. Besonders schön ist es zum Sonnenuntergang und bei den abends stattfindenden Veranstaltungen.

Für Anglophile: Buchhandlung Curious Fox.

Unsere Tour führt uns weiter in die **Flughafenstraße,** die an der Ecke bei den Neukölln Arcaden beginnt. Wir gelangen darauf zum 27 **CURIOUS FOX**. Die gemütliche Buchhandlung führt ausschließlich englische Literatur und die Inhaber, zwei Iren, servieren Bücherwürmern gerne ein herrliches Tässchen irischen Tee.

Relativ am Ende der Flughafenstraße befindet sich versteckt im zweiten Hinterhof die 28 **LAVANDERIA VECCHIA**. Das Gebäude war früher eine Wäscherei. So sitzt man heute in dem gemütlichen italienischen Restaurant zwischen einer Dekoration aus Leinenhandtüchern und Wäscherei-Equipment. Unser Tipp: Zum günstigen Mittagsmenü vorbeikommen.

Die Dekoration in der Lavanderia Vecchia erinnert an die Zeiten als Wäscherei.

Wir gehen **an der nächsten Kreuzung links in die Hermannstraße** und laufen vor **bis zur Selchower Straße,** in die wir einbiegen. In dieser befindet sich auf der linken Straßenseite 29 **VEIST KLEIDERGESCHICHTEN**. Der kleine Second-Hand-Laden führt Kleidungsstücke in echter Vintage-Manier. Das Besondere: Zu fast jedem Kleiderstück gibt es eine Geschichte über den Vorbesitzer. Einfach auf die Etiketten mit der Aufschrift „Story inside" achten.

Kleidung mit Geschichte gibt es im Veist.

Danach folgen wir der **Selchower Straße bis zur Schillerpromenade,** dem Mittelpunkt des Schillerkiezes. Der Kiez gehört seit der Schließung des Flughafens am Tempelhofer Feld zu einer der beliebtesten Wohngegenden in Neukölln.

Wir biegen **rechts** ab in **die Herrfurthstraße,** die uns zum ehemaligen Flughafengelände führt. Wer sich noch stärken möchte, ist im 30 **CAFÉ ENGELS** richtig. In entspannter Atmosphäre lassen sich hier wunderbar kleine Mahlzeiten und Frühstück genießen.

Beliebtes Freiluftkino!

Wer die Flughafenstraße weiterläuft, gelangt zum **HASENHEIDENPARK**. Mitten im Park befindet sich das beliebte Kino, wo im Sommer unter freiem Himmel Kunst- und Kultfilme sowie ausgewähltes Mainstream-Kino genossen werden können.

FREILUFTKINO HASENHEIDE · Hasenheidenpark · U7 Hermannplatz/U8 Boddinstr. · www.freiluftkino-hasenheide.de · 030 2834603

Nur wenige Meter weiter befindet sich der **Eingang zum Tempelhofer Feld.** Schon vom Eingang aus sehen wir die Gärten des 31 **ALLMENDE-KONTOR**. Nach Schließung des Flughafens bewarben sich etliche Bürgerinitiativen mit Konzepten für eine Nutzung der neuen Parkanlage bei der Stadt. Dazu gehörte auch Allmende-Kontor mit der Idee des Gemeinschaftsgartens.

VEIST KLEIDERGESCHICHTEN · Selchower Str. 32 · U8 Boddinstr. · www.veistberlin.com · 030 95606251 · Mo-Fr 14–20 Uhr, Sa 12–18 Uhr

CAFÉ ENGELS · Herrfurthstr. 21 · U8 Boddinstr. · 030 64499067 · tägl. 10–2 Uhr

TEMPELHOFER FELD · www.thf-berlin.de · tägl. von Sonnenauf- bis Sonnenuntergang

ALLMENDE-KONTOR · Tempelhofer Feld, Eingang Oderstr. · U8 Leinestr. · www.allmende-kontor.de

Wo ehemals Flugzeuge abhoben, wird heute Urban Gardening gelebt – Tempelhofer Feld.

Süßer Knirps-Latz für den Sabber-Fratz.

D.I.Y.
siehe Seite 145

Anderen helfen!

In der Okerstraße ist auch der Sitz von **JYOTI FAIR WORKS**, einem deutsch-indischen Sozialprojekt, das indische Frauen durch die Produktion fairer Mode fördert. Die hübschen Kleidungsstücke, Accessoires und Geschenkartikel gibt es im Onlineshop (www.jyoti-fairworks.org) und auf Berliner Märkten.

Picnic Berlin bietet Rundum-Sorglos-Pakete auf dem Tempelhofer Feld.

Seit 2011 wachsen nahe dem Eingang Gemüse, Salat und Blumen in selbst gezimmerten Hochbeeten. Die fast 300 Beete sind kreuz und quer auf der Wiese verteilt. An manchen wehen Piratenflaggen, an anderen hängen alte Lampenschirme. Alles ist mit viel Liebe und Kreativität gestaltet.

Auf der **gegenüberliegenden Seite** (nahe Zugang Oderstraße/Leinestraße) sehen wir das rot-weiß gestreifte Häuschen von 32 **PICNIC BERLIN**, dem ersten Vor-Ort-Picknickkorbverleih Berlins. Porzellanteller, Besteck, Decke und Lektüre gehören zur Grundaustattung jedes Korbes. Manche Körbe sind auch schon mit Leckereien bestückt, andere kann man selbst zusammenstellen. Auf Wunsch gibt es auch noch ein Spiel dazu.

Wir verlassen das Tempelhofer Feld beim **Ausgang Oderstraße/Leinestraße** und gehen **eine Straße weiter zur Okerstraße.** Dort gönnen wir uns bei 33 **RUNDSTÜCK WARM** einen der leckeren Burger mit selbstgemachter Soße, bevor wir uns auf den Weg zur **U-Bahn-Station in der Hermannstraße** machen. Dort endet unsere Tour durch das vielfältige Neukölln.

Kochen mit einer Extraportion Liebe: Rundstück Warm.

Aus vergangenen Zeiten!

Wer die Hermannstraße nach der U-Bahn-Station Leinestraße noch etwas weitergeht, kommt zum **ZAUBERKÖNIG**. Das Traditionsgeschäft gibt es seit 1884 und es ist voller Scherzartikel für kleine und große Kinder.

ZAUBERKÖNIG · Hermannstr. 84–90 · U8 Leinestr. · www.zauberkoenig-berlin.de · 030 49205751 · Di-Sa 11–19 Uhr

PICNIC BERLIN · Tempelhofer Feld, Eingang Oderstr. · U8 Leinestr. · www.picnic-berlin.com · 0177 8973522 · von Frühling-Herbst an Sonnentagen Di-So 12–21 Uhr

RUNDSTÜCK WARM · Okerstr. 40 · U8 Leinestr. · Di-So 16–23 Uhr

Prenzlauer Berg

Der Stadtteil Prenzlauer Berg gehört zum Verwaltungsbezirk Pankow und liegt im ehemaligen Osten der Stadt. Hier gibt es viele Gründerzeithäuser mit Hinterhofbauten. Einst war „Prenzl Berg", wie es die Einheimischen nennen, Arbeiterviertel und in den 1990er Jahren Zuhause der alternativen Szene. Die Bewohner waren sozial eher schlechter gestellt als in anderen Stadtteilen, aber hatten ihre eigene alternative Lebenskultur entwickelt. Damals war die Wohnlage wegen der coolen Clubs, alternativen Bars und günstigen Mieten beliebt. Mittlerweile sind unsanierte Häuser und die meisten der kleinen Multikulti-Lokale ebenso wie die meiste Street Art und die Punkszene verschwunden.

Die Straßenzüge sind nun fein saniert und der Stadtteil ist geprägt von finanziell gut situierten (Wahl)Berlinern. Wohnen in Prenzlauer Berg muss man sich heutzutage leisten können. Dafür lebt man aber möglicherweise Tür an Tür mit Stars und Sternchen. Man munkelt, dass auch Angela Merkel in ihrer Studentenzeit einst in Prenzl Berg gelebt hat.

Der Stadtteil ist von Restaurants und Bars geprägt, besonders in der Kastanienallee und auf dem Kollwitz- und Helmholtzplatz. Mittelpunkt des Nachtlebens ist die Gegend um den U-Bahnhof Eberswalder Straße, an dem sich Schönhauser Allee, Danziger-/Eberswalder Straße und Kastanien-/Pappelallee schneiden – das sogenannte Schönhauser Eck.

Ein Wahrzeichen des Stadtteils Prenzlauer Bergs ist der „Dicke Hermann", Berlins ältester Wasserturm aus dem Jahr 1877, der an der Rykestraße/Ecke Knaackstraße steht.

Wir starten im Bötzowkiez nahe dem Volkspark Friedrichshain. Über Greifswalder Straße und Prenzlauer Allee hinweg gelangen wir in den Kollwitzkiez mit seinen imposanten Altbauten. Schließlich ziehen wir weiter nach Norden in den Helmholtzkiez und beenden die Tour in der beliebten Kastanienallee.

1 Filmtheater am Friedrichshain
2 Nähkontor
3 Fuchswecker
4 Fachfrau
5 Dimension Alley
6 Kunstschule
7 Schneewitte
8 Buchbox!
9 Boesner
10 Prenzlkasper
11 Abenteuerspielplatz Marie
12 Bar Gagarin
13 Pasternak
14 Hobbyshop Wilhelm Rüther
15 Twinkle Twinkle
16 Unikaterie
17 Lieblingsplatz
18 Kolle 37
19 Khushi
20 Cuffaro

- Handmade/D.I.Y.
- Shopping
- Essen/Trinken
- Unterhaltung

ca. 150 m

Tourlänge: ca. 6,2 km
Reine Gehzeit: ca. 2 Stunden

KreativTour Prenzlauer Berg

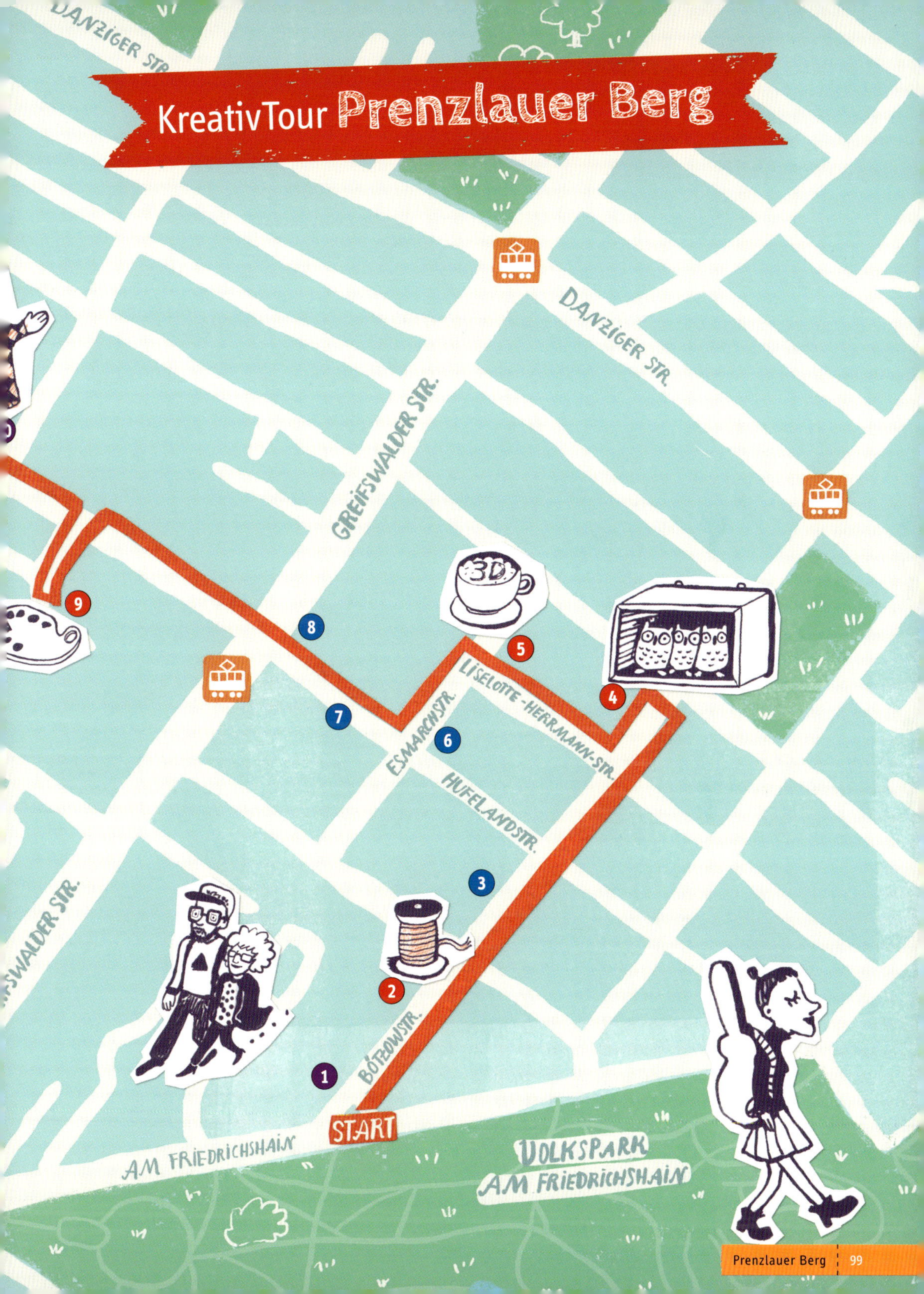

hier geht's zum Südteil der Tour auf Seite 98

Tour Prenzlauer Berg

Kinderspaß und hippe Läden

In Prenzl Berg erwarten uns hippe Läden und eine spannende Mischung aus Tradition und Moderne. Früher war der Stadtteil ein Künstlerviertel, heute fühlen sich hier Familien und Kinder sehr wohl. Die Tour startet am Volkspark am Friedrichshain und führt bis zur beliebten Kastanienallee.

Linie 200 – auch perfekt für Stadtrundfahrten.

Wir starten am Alexanderplatz von der Bushaltestelle in der Karl-Liebknecht-Straße **mit Bus 200 zur Bötzowstraße.**

ALEXANDERPLATZ · Bushaltestelle Karl-Liebknecht-Str. · Bus 200, Richtung Prenzlauer Berg

Stadtrundfahrt im Linienbus!

Der Doppeldeckerbus 200 fährt in 45 Minuten vom Bahnhof Zoo bis Prenzlauer Berg (Michelangelostraße) an den wichtigsten Sehenswürdigkeiten entlang: Gedächtniskirche, Potsdamer Platz, Brandenburger Tor, Museumsinsel etc. Am besten ein Tagesticket kaufen, dann kann man immer wieder aus- und einsteigen! Der Bus verkehrt im 10-Minuten-Takt.

BERLINER VERKEHRSBETRIEBE · www.bvg.de

FILMTHEATER AM FRIEDRICHSHAIN · Bötzowstr. 1–5 · Bus 200 Bötzowstr. · www.filmtheater-am-friedrichshain.kino-zeit.de · 030 42845188 · tägl. ab 14 Uhr

NÄHKONTOR · Bötzowstr. 13 · Bus 200 Bötzowstr./M4 Hufelandstr. · www.naehkontor.de · 030 40043550 · Mo-Fr 10–20 Uhr, Sa 11–18 Uhr

FUCHSWECKER · Bötzowstr. 17 · Bus 200 Bötzowstr./M4 Hufelandstr. · www.gutesspielzeug.com · 030 28095842 · Mo-Fr 10–18.30 Uhr, Sa 10–14 Uhr

FACHFRAU · Bötzowstr. 37 · M10 Arnswalder Platz · www.fachfrau-berlin.de · 030 95604088 · Mo-Fr 11–19, Sa 11–16 Uhr

Die Tour bginnt nahe dem Volkspark am Friedrichshain.

Volkspark am Friedrichshain!

Wer vor der Tour noch einen Spaziergang im Grünen machen möchte, kann mit den Straßenbahnen M5 und M6 vom Alexanderplatz zum **VOLKSPARK AM FRIEDRICHSHAIN** (Haltestelle Klinikum) fahren. Der Park markiert die Grenze zwischen Friedrichshain und Prenzlauer Berg und ist zu jeder Tages- und Jahreszeit einen Besuch wert. Sein Highlight ist der Märchenbrunnen.

Nach dem Aussteigen in der Bölzowstraße stehen wir direkt vor dem (1) **FILMTHEATER AM FRIEDRICHSHAIN**, dem größten Programmkino der Stadt. Neben europäischer Filmkunst und amerikanischem Independent-Kino gibt es im Sommer auch einen lauschigen Biergarten auf der Terrasse.

Wenige Meter weiter entdecken wir den wundervollen Spielzeugladen (3) **FUCHSWECKER**. Alle Spielzeuge sind hier mit viel Liebe ausgesucht und vom netten Herrn Wecker und seinen zwei kleinen „Füchsen" auf Herz und Nieren getestet.

Im Nähkontor.

Wir **folgen der Bötzowstraße** und gelangen an der nächsten Kreuzung zum (2) **NÄHKONTOR**, einem gut sortierten Handarbeitsgeschäft mit einer riesigen Auswahl an Stoffen und Knöpfen. Welch ein Paradies für uns Stoffliebhaberinnen! Auch Nähkurse werden angeboten.

Linus gefällt es bei Fuchswecker supergut.

Flohmarkt- und Kreativladen Fachfrau.

Faszinierendes 3D-Drucken im Dimension Alley.

Wir gehen **weiter auf der Bötzowstraße** zur 4 FACHFRAU, einer Mischung aus Floh- und Kreativmarkt. Hier kann jeder Verkaufswillige ein Regalfach mieten und darin Selbstgemachtes oder Vintage-Stücke anbieten. Das Angebot wechselt häufig und man kann in entspannter Atmosphäre (andere) Selbermacher treffen.

Danach gehen wir die **Bötzowstraße zurück bis zur Liselotte-Herrmann-Straße und biegen rechts ein.** Fast am Ende befindet sich auf der linken Seite 5 DIMENSION ALLEY, ein 3D-Druck-Café. Ob Deko für die Hochzeitstorte, ein witziges Selfie als Geburtstagsgeschenk oder Ersatzteile für die Vintagekamera – hier kann man alles entwerfen und ausdrucken lassen! Die sympathischen Inhaber Norma Barr und Amin Torabi bieten auch Workshops und Events für Kinder und Erwachsene an. Während der Drucker arbeitet, lassen wir uns einen der leckeren britischen Pies und einen feinen Latte Macchiato schmecken.

Weiter geht es **links in die Esmarchstraße und vor zur Hufelandstraße. Direkt an der Ecke** ist die 6 KUNSTSCHULE, Designlabel und Laden der Innenarchitektinnen Jennifer und Melanie Nölken. Neben stilvoller Homedeco und humorvollen Geschenkideen bekannter Labels, gibt es hier auch Möbel und Accessoires nach Entwürfen der Inhaberinnen.

Weiter geht's die **Hufelandstraße rechts entlang** in Richtung Greifswalder Straße. Auf dem Weg liegt **auf der linken Straßenseite** das Second-Hand-Lädchen 7 SCHNEEWITTE, welches so manchen schönen Vintage-Schatz bereithält.

Zissy flirtet mit Schneewittes Bambi.

So ein hauseigener Fernsehturm aus der Kunstschule wäre schon was!

DIMENSION ALLEY · Liselotte-Herrmann-Str. 1* · M4 Hufelandstr. · www.dimensionalley.com · 030 68008725 · Mo-Fr 10–18 Uhr, Sa 10–16 Uhr
* evtl. Umzug im Nov. 2015

KUNSTSCHULE · Hufelandstr. 13 · M4 Hufelandstr. · www.kunstschule.net · 030 29779361 · Mo-Fr 10.30–19 Uhr, Sa 10–16 Uhr

SCHNEEWITTE · Hufelandstr. 12 · M4 Hufelandstr. · 030 46794779 · Mo-Fr 14–19 Uhr, Sa 11–18 Uhr

Kleine Monster weisen den Weg zum Künstlerparadies Boesner.

BUCHBOX! · Greifswalder Str. 33 · www.buchboxberlin.de · 030 42803245 · Mo-Sa 10–20 Uhr

BOESNER · Marienburger Str. 16 · M4 Hufelandstr. · www.boesner.com · 030 40504260 · Mo-Fr 9.30–19.30 Uhr, Sa 9.30–18 Uhr

PRENZLKASPER · Marienburger Str. 39 · M2 Marienburger Str. · www.prenzlkasper.de · 030 21791060

ABENTEUERSPIELPLATZ MARIE · Marienburger Str. 42/46 · M2 Marienburger Str. · www.schule-an-der-marie.de · 030 44041163 · Sommer Di-Sa 13–20 Uhr, Winter Di-Sa 12–19 Uhr

BAR GAGARIN · Knaackstr. 22 (Ecke Rykestr.) · M2 Knaackstr. · www.bar-gagarin.com · 030 4428807 · tägl. 10–1 Uhr

PASTERNAK · Knaackstr. 22/24 · M2 Knaackstr. · www.restaurant-pasternak.de · 030 4413399 · tägl. 9–1 Uhr

HOBBYSHOP WILHELM RÜTHER · Kollwitzstr. 54 · U2 Senefelderplatz · www.hobbyshop.de · 030 48492107 · Mo-Fr 9.30–19 Uhr, Sa 9.45–16 Uhr

An der **Ecke Hufelandstraße/Greifswalder Straße** ist in einer ehemaligen Kneipe die Kiezbuchhandlung **8 BUCHBOX!** Auf der Suche nach neuem Lesestoff lassen wir uns von den handgeschriebenen Empfehlungskärtchen des Ladenpersonals inspirieren. Außerdem finden hier regelmäßig Lesungen und Konzerte statt.

Fundstücke unterwegs.

Danach verlassen wir den Bötzowkiez und **überqueren die Greifswalder Straße.** Die Straße geht nun als **Marienburger Straße** weiter. Nach einigen Metern liegt **links im Hinterhof** das Künstlerfachgeschäft **9 BOESNER**. Graffitis weisen den Weg zum Eingang, hinter dem ein riesiges Angebot an Künstlermaterialien und Kunstbüchern wartet.

Uns steht heute der Sinn nach kindlicher Freude – und da sind wir genau richtig auf der **anderen Straßenseite** beim **10 PRENZLKASPER**. Im kleinen Puppentheater spielen Prenzlkasper Christian Bahrmann, auch bekannt als „Der Christian" und guter Freund des Kikaninchens vom Kindersender KIKA, und der Alpenkasperl Andreas Ulbrich beliebte Kinderklassiker. Im Frühjahr und Sommer gibt es hier auch leckeres Eis.

Gleich nebenan befindet sich der beliebte **11 ABENTEUERSPIELPLATZ MARIE**. Hier können 6–14-Jährige nicht nur toben, sondern in offenen Werkstätten hämmern, filzen und Hütten bauen.

Prenzlauer Allee mit Blick zum Fernsehturm.

Wir gehen weiter auf der Marienburger Straße **bis zur Prenzlauer Allee.** Beim **Überqueren** der Straße lohnt sich ein Blick die Straße hinunter: Der Fernsehturm scheint zum Greifen nah. Auf der anderen Straßenseite geht die Marienburger als **Wörther Straße** weiter. Wir laufen **bis zur nächsten Kreuzung,** biegen **links in die Rykestraße** ein – und sind nun mitten im Kollwitzkiez.

Am Ende der Rykestraße, an der Knaackstraße, grüßt uns Berlins ältester Wasserturm, „Dicker Hermann" genannt. Er stammt aus dem Jahr 1877 und war bis 1952 in Betrieb. Seither ist der Wasserturm ein beliebtes Wohnhaus. An der Hauswand erinnert eine Gedenktafel an Opfer des Nationalsozialismus, denn der Keller der Anlage diente einst als inoffizielles Konzentrationslager.

Gegenüber befindet sich ein weiterer Superlativ: Der Backsteinbau Rykestraße 53 beherbergt Deutschlands größte Synagoge.

Gleich nebenan und mit fabelhaftem Blick auf den „Dicken Hermann" liegt die 12 **BAR GAGARIN**. Juri Gagarin war ein russischer Kosmonaut und der erste Mensch im All. Die russische Raumfahrt stand auch bei der Menügestaltung Pate, so heißen Frühstücke hier „Sputnik" (die ersten Satelliten) oder „Belka und Strelka" (die Weltraumhunde). Von der Beauty-Ecke auf dem Damenklo bis hin zur perfekten Sonnenlage bei schönem Wetter stimmt hier alles, sodass wir das Lokal für jede Tageszeit empfehlen können.

In der Bar Gagarin.

Wer größeren Appetit hat, kann diesen im 13 **PASTERNAK** stillen. Dort gibt es in hübschem Ambiente russische Leckereien. Benannt ist das Lokal nach dem Autor von „Doktor Schiwago".

Schön grün ist es im Kollwitzkiez.

Wir gehen gestärkt **die Knaackstraße rechts entlang zur Kollwitzstraße.** In diese **biegen wir links ein** und sind nach wenigen Metern beim 14 **HOBBY-SHOP WILHELM RÜTHER**. Berlins Bastelspezialgeschäft gibt es schon seit …

(weiter geht es auf S. 108)

KreativKopf: Lieblingsplatz

Die kleine Manufaktur in Prenzlauer Berg.

Hinter Lieblingsplatz stecken die Schwestern Janine (links) und Anja.

Ihren Lieblings(arbeits)platz haben sich Grafikdesignerin Janine Sommer und Museologin Anja Pilzner selbst geschaffen: In ihrer Manufaktur im Kollwitzkiez produzieren und verkaufen die beiden Schwestern ihre Spielsachen. Angefangen hat alles mit Janines DaWanda-Shop Die Knuschels und einem kleinen Ladenatelier in Prenzlauer Berg. Als 2012 Anjas Label Jungs & Söhne dazukam, beschlossen die Schwestern, gemeinsame Sache zu machen.

? Was steckt hinter den Namen eurer Labels?

Knuschels ist eine Wortfindung von Janines Tochter. Diese prägte mit vier Jahren den Begriff knuscheln – eine Kombination aus kuscheln und knuddeln. Für sie war auch der erste Knuschel, ein Hase mit Spieluhr. Jungs & Söhne macht Technik kuschelweich und endlich Spielsachen, die Jungs cool finden und sogar zum Kuscheln mit ins Bett nehmen wollen.

Lieblingsplatz · Kollwitzstr. 22 · www.lieblingsplatz.berlin · 030 32596536

? Warum habt ihr euch für die Selbstständigkeit entschieden?

Wir schätzen es sehr, dass wir die Betreuung unserer Kinder im Arbeitsalltag einbinden können. Außerdem wollten wir etwas Neues machen und unserer Kreativität freien Lauf lassen. Ein eigener Laden war schon immer unser Traum. Der Erfolg der Knuschels hat uns Mut gemacht, es wurde gerade ein Laden im Kiez frei und wir hatten die Ideen zum zweiten Label.

? Macht ihr alles selbst oder habt ihr Unterstützung?

Wir sind ein kleines Familienunternehmen. Auch unsere Männer sind unentbehrlich. Anjas Mann Sebastian ist der kreative Kopf der Jungs & Söhne-Kreationen und Janines Mann Roland baut,

schraubt und malert im Laden die komplette Einrichtung.

? Was macht ihr sonst noch?
Janine arbeitet als Illustratorin und hat 2013 ein kleines Kunstprojekt begonnen. Sie macht Collagen aus alten Magazinen der 1950er und 1960er Jahre. Neugierige erfahren mehr unter: www.janinesommer.de.

? Wo findet ihr Inspiration?
Unsere Kinder inspirieren uns natürlich sehr. Aber auch die Natur und die Technik. Unsere Kunden tragen mit ihren besonderen Wünschen auch einen großen Teil zum Entstehen neuer Produkte bei.

? Welche Produkte sind besonders beliebt?
Bei den Knuschels das Faultier und der Fuchs. Bei Jungs & Söhne der Traktor, die Feuerwehr und das Controller-Nackenkissen.

? Warum Berlin? Was liegt hier in der Luft?
Wir sind Berliner. Hier ist unsere Heimat und unser Zuhause. Berliner sind ehrlich und geradeaus. Manchmal ein wenig schroff, aber immer mit einem weichen Kern und viel Humor. Hier schätzen wir Kreativität, Leben, Heimat und nette Leute.

Janines und Anjas Lieblingsplätze:

Frühstück: ELBSPEICHER mit Morgensonne, echt gutem Kaffee und leckeren Sandwiches Sredzkistr. 41 (Prenzlauer Berg)

Shopping: rund um KOLLWITZ- und HELMHOLTZPLATZ (Prenzlauer Berg)

Unterhaltung: KULTURBRAUEREI, jetzt auch mit Streetfoodmarkt Schönhauser Allee 36 (Prenzlauer Berg)

Drink: SAPHIRE MARTINI LOUNGE, wo die schmackhaften Cocktails Namen tragen wie „Züchtigungsfantasien" Sredzkistr. 62 (Prenzlauer Berg)

Restaurant: OSTERIA FIORELLO mit süditalienischer Küche und liebenswertem Gastgeber Husemannstr. 10 (Prenzlauer Berg)

Nightlife: BASSY CLUB, bietet eine reiche Musikpalette mit Klängen aus der Zeit vor 1969 Schönhauser Allee 176a (Prenzlauer Berg)

Floh-/Trödelmarkt: sonntags der FLOHMARKT AM MAUERPARK Bernauer Str. 63–64 (Prenzlauer Berg)

Pepe, der Chihuahua. Links in natura und hier als süßer Knuschel zum Selbermachen.

D.I.Y.
siehe Seite 146

Schönes für drinnen und draußen gibt es bei Twinkle Twinkle.

... 1969 und hier findet man wirklich alles, was man fürs kreative Hobby braucht (siehe auch Seite 125).

Nebenan befindet sich **15 TWINKLE TWINKLE** mit Schönem für drinnen und draußen – zum Teil im eigenen Atelier für Papier- und Textildesign produziert. Wen alte Tapetenmuster begeistern, sollte unbedingt bei den Musterrollen stöbern. Unsere kreativen Hirne beginnen gleich zu arbeiten: Was sich daraus alles machen ließe!

Nur ein Haus weiter lockt die **16 UNIKATERIE** mit ihrem tollen Angebot an fair produzierten Klamotten, Schmuck und Accessoires kleinen lokaler Label.

Roter Traum in der Unikaterie.

Weiter die Straße herunter gelangen wir zu **17 LIEBLINGSPLATZ**. In der beliebten Manufaktur entwerfen und fertigen die Schwestern Anja Pilzner und Janine Sommer niedliche Kuscheltiere, originelles Spielzeug, kunstvolle Collagen und vieles Schöne mehr (siehe auch Seite 106). Auch Nähkurse für Kinder bieten sie an.

Platz für Werbung ist überall.

Wir gehen **über die Straße** und **die Kollwitzstraße zurück.** Wer Kinder dabei hat, kann einen Abstecher auf den Wasserspielplatz zu den Geschwisterkaninchen Ulf und Zwulf machen. Direkt daneben ist der Spielplatz **18 KOLLE 37**, eine Art Weiterbau-Abenteuerspielplatz für Kinder und Jugendliche ab 6 Jahren.

Es folgt das empfehlenswerte indische Lokal **19 KHUSHI**. Im Sommer sind die Außensitzplätze mit gutem Blick auf

TWINKLE TWINKLE · Kollwitzstr. 52 · U2 Senefelderplatz · www.twinkletwinkle.de · 030 43735114 · Mo-Fr 12–20 Uhr (Winter 12–19 Uhr), Sa 11–17 Uhr

UNIKATERIE · Kollwitzstr. 52 · U2 Senefelderplatz · www.unikaterie.de · 030 31569124 · Mo-Sa 11–19 Uhr

LIEBLINGSPLATZ · Kollwitzstr. 22 · U2 Senefelderplatz · www.lieblingsplatz.berlin · 030 32596536 · Mo-Fr 10–18 Uhr, Sa 11–16 Uhr

KOLLE 37 · Kollwitzstr. 35 · U2 Senefelderplatz · www.kolle37.de · 030 4428122 · Mo-Fr 12–19 Uhr, Sa 13–18 Uhr (Okt.-April Mo-Fr 11.30–18 Uhr, Sa 13–18 Uhr)

KHUSHI · Kollwitzstr. 37 · U2 Senefelderplatz · www.khushi-berlin.de · 030 48493790/-91 · So-Do 12–24 Uhr, Fr/Sa 12–1 Uhr

CUFFARO · Kollwitzstr. 66 · M2 Marienburger Str. · 030 44040499 · Mo-Do 10–20 Uhr, Fr-So 10–22 Uhr

Leckeres Eis gibt es bei Cuffaro direkt gegenüber vom Spielplatz am Kollwitzplatz.

Berliner Buddy Bär vor dem Kindermuseum.

das bunte Treiben auf der Kollwitzstraße beliebt. Auch leckere Cocktails gibt es hier.

Am Kollwitzplatz angekommen, legen wir einen Stopp bei der kleinen Eisdiele 20 CUFFARO ein. Sie befindet sich direkt gegenüber vom beliebten Spielplatz. Den leckeren, in Schokolade getauchten Waffeln und den schmackhaften Eissorten können wir einfach nicht widerstehen. Damit bummeln wir weiter die Kollwitzstraße entlang.

Am Ende der Kollwitzstraße überqueren wir die Danziger Straße **zur Senefelder Straße,** wo der Helmholtzkiez beginnt. **Gleich rechts** an der Ecke liegt der 21 WERKSTATTLADEN. Den kleinen Laden betreiben Kunsthandwerkerinnen, die eine schöne Auswahl an Getöpfertem, Genähtem und Gefilztem anbieten. **Ein paar Meter weiter** befindet sich in einer alten Kirche das Kindermuseum 22 MACH MIT!. Der Bär an der Pforte lädt ein, den Seifenladen, das Spiegelkabinett und die Druckerei im Inneren zu entdecken. Auch Workshops und Kurse für Kinder werden angeboten, außerdem Kino und Theater.

An der nächsten Ecke biegen wir links in die Raumerstraße ein. Im Eckhaus lockt 23 POMERANZA DESIGN RANCH. Das kleine, feine Ladengeschäft beherbergt Designstücke aus Berlin und der ganzen Welt, ebenso wie Eigenproduktionen, die in Zusammenarbeit mit der Berliner Künstlerin Britta Teckentrup entstehen.

In der Pomeranza Design Ranch.

WERKSTATTLADEN · Senefelder Str. 1 · M2/M10 Prenzlauer Allee · www.werkstattladen-berlin.de · 030 44042213 · Mo-Fr 10.30–19 Uhr, Sa 10.30–18 Uhr

MACH MIT! · Senefelder Str. 5 · M2/M10 Prenzlauer Allee · www.machmitmuseum.de · 030 74778200 · Di-So 10–18 Uhr

POMERANZA · Raumerstr. 19 · M2 Fröbelstr. · www.pomeranza-shop.de · 030 48495760 · Mo-Fr 10–19 Uhr, Sa 11–18 Uhr

Stempelspaß für Klein und Groß.

D.I.Y.
siehe Seite 148

Danach geht es die **Raumerstraße hinauf zum Helmholtzplatz.** Auf der linken Seite ist der Spielzeugladen 24 **RATZEKATZ** mit einem ausgewählten Sortiment an schönen Spielwaren. Sogar Hollywoodstar Angelina Jolie soll hier schon geshoppt haben.

RATZEKATZ · Raumerstr. 7 · Tram 12 Raumerstraße · www.ratzekatz.de · 030 6819564 · Mo-Sa 10–19 Uhr

Beliebter Spielzeugladen mit Tradition: Ratzekatz.

Am Helmholtzplatz.

Tanzen und Konzerte!

Wer abends Live-Musik hören oder mal wieder ordentlich abtanzen möchte, sollte den legendären **DUNCKERCLUB** nicht verpassen. Erbaut zu Beginn des 20. Jahrhunderts war das Gebäude Pferdestall, Salzlager, Turnhalle und in den 1980er Jahren DDR-Jugendclub mit alternativer Disco und Punkkonzerten. Heute laufen vorwiegend Independent- und Alternative-Musik.

DUNCKERCLUB · Dunckerstr. 64 · M10 Husemannstr./S8 Prenzlauer Allee · www.dunckerclub.de · 030 4459509

Vom Spielzeugladen gehen wir die **Raumerstraße zurück bis Höhe Schliemannstraße** und **überqueren den Helmholtzplatz.** Auf der anderen Seite ist die Café-Bar 25 **WOHNZIMMER**. Auch das ist eine Adresse, die wir ganztägig empfehlen können – entweder auf einen Kaffee oder einen Drink am Abend. Beim charmanten Mobiliar werden Erinnerungen an längst vergangene Zeiten wach.

Richtig schön gemütlich ist es im Wohnzimmer.

Wir biegen **links in die Schliemannstraße** ein. Nach etwa 150 Metern erreichen wir 26 **GLAUBE UND WAHRHEIT**. Wir sind nun in der Heimat der knuffigen Schweinmeisenbären. Die Modedesignerinnen Nicole Mieth und Beate Lenger leben den Upcycling-Gedanken und fertigen ihre Stofftiere und Accessoires aus bestehenden Textilien.

(weiter geht es auf S. 114)

WOHNZIMMER · Lettestr. 6 · M12 Raumerstr. · www.wohnzimmer-bar.de · 030 4455458 · tägl. ab 9 Uhr

GLAUBE UND WAHRHEIT · Schliemannstr. 30 · Tram 12 Stargarder Str. · www.glaubeundwahrheit.de · 030 40003035 · Di-Sa 11–20 Uhr

KreativKopf: Ostwald

Mit einem Steckenpferd fing alles an.

Die Designerin in ihrem Atelier.

Der Job als Kunst- und Textillehrerin an einer Privatschule kam nicht zustande, Stefanie Ostwald wollte aber kreativ tätig sein – also legte sie kurzerhand alleine los. In ihrem Hinterhof-Atelier in Prenzlauer Berg entstehen seither immer neue Kuscheltiere, Spieluhren und andere fröhlich-bunte Sachen.

? Wie bist du auf die Idee gekommen?

Mein erstes Produkt, ein Steckenpferd, hat meinen Sohn und seine Freunde so begeistert und ich finde dieses Spielen so wertvoll, dass ich es „weitergeben" wollte.

? Was hast du davor gemacht?

Ich bin Bankfachwirtin und habe vor der Elternzeit und meinem Studium als Vermögensberaterin in einer Bank gearbeitet.

? Was steckt hinter dem Labelnamen?

Mein Nachname. Er lässt mir viel Raum für neue Produkte und legt mich nicht nur auf Spielzeug fest – vielleicht mache ich ja morgen Taschen oder Schmuck? Auch sonst passt der Name gut: Ich bin jetzt im Osten des Landes und im Osten der Stadt gelandet und in meinen Produkten gibt es viele Tiermotive, was gut zu Wald passt.

? Was macht deine Kreationen aus?

Ich arbeite mit verschiedensten Stoffarten, um das haptische Erlebnis zu fördern. Als Basis verwende ich oft Cord und Frottee, weil sie langlebig und kuschelweich sind. Ich kombiniere sie gern mit gemusterten Baumwollstoffen. Das sieht gut aus und vermittelt verschiedene Erlebnisse beim Befühlen.

Backsteinremise im 2. Hinterhof/Kastanienallee 21 · www.ostwald-berlin.de · 030 41717346 · Fr 10–18 Uhr und nach tel. Vereinbarung

Stefanies Lieblingsplätze:

Frühstück: BEKAREI Dunckerstr. 23 (Prenzlauer Berg)

Shopping: Sneaker bei ABOVE Kastanienallee 87 (Prenzlauer Berg) Bücher in der BUCHBOX! Kastanienallee 88 (Prenzlauer Berg)

Unterhaltung: Lesungen in der BUCHBOX! Kastanienallee 88 (Prenzlauer Berg Konzerte und Kunstausstellungen im MARTIN-GROPIUS-BAU Niederkirchnerstr. 7 (Mitte)

Drink: EKA Bar & Café am Helmholtzplatz Dunckerstr. 9 (Prenzlauer Berg)

Restaurant: gern asiatisch, z. B. bei VAN ANH Oderbergerstr. 7 (Ecke Kastanienallee, Prenzlauer Berg)

Floh-/Trödelmarkt: immer noch ARKONAPLATZ (Mitte)

? Welches Produkt ist besonders beliebt?

Die Gitarrenrassel und die Spieluhren, zurzeit vor allem in den Ausführungen Fuchs und Waschbär.

? Wo hast du dein Handwerk erlernt?

Ich war schon immer kreativ tätig. Meine Mutter hat mir viele Handarbeitstechniken vermittelt und während der Erziehungszeit habe ich begonnen, Kunst und Textil auf Lehramt zu studieren. Das Zeichnen und die schönen Stoffe haben mich seither nicht mehr losgelassen.

? Wo findest du Inspiration?

Häufig im Material oder durch die Kinder selbst. Außerdem halte ich immer die Augen offen – gerade in Berlin gibt es viel Inspiration.

? Warum Berlin? Was liegt hier in der Luft?

Zum einen lebt mein Lebensgefährte hier, zum anderen fällt es in diesem kreativen Umfeld leichter, etwas auszuprobieren, auch schon (wie bei mir) vor dem riesigen D.I.Y.-Trend.

D.I.Y.

siehe Seite 149

Der süße Kragen peppt jedes Outfit auf.

D.I.Y.
siehe Seite 149

BEKAREI · Dunckerstr. 23 · M2 Fröbelstr. · www.bekarei.com · 030 34622230 · Mo-So 7.30–18.30 Uhr

NÄH-CENTER · Stargarder Str. 15 · Tram 12 Stargarder Str./ S Schönhauser Allee · www.naehcenter.de · 030 4452978 · Mo-Fr 10–18.30 Uhr, Sa 10–13 Uhr

YONKEL ORK · Pappelallee 63 · Tram 12 Stargarder Str. · www.yonkelork.de · 030 21466241 · Mo-Do, Sa 11–19 Uhr, Fr 11–20.30 Uhr

In der Bekarei wird mit viel Liebe gebacken.

Am Ende der Schliemannstraße lohnt ein Abstecher **nach rechts in die Stargarder Straße und vor zur Dunckerstraße.** Hier hat die 27 BEKAREI ihren Sitz. Die Theke der charmanten Familienbäckerei ist voller handgemachter Leckereien, die nach Urlaub im Süden schmecken. Einfach köstlich!

Dekoparadies YOnkel Ork.

Für Selberkocher: das Kochhaus.

Konnopke's Imbiss unter der Hochbahn – beliebt seit Jahrzehnten.

Der Prater Biergarten in der Kastanienallee.

Nun gehen wir die **Stargarder Straße wieder zurück** bis vor zum 28 NÄH-CENTER. In dem kleinen, gut sortierten Nähladen gibt es alles für Stoff- und Wollliebhaber. Hier kann man auch Nähmaschinen kaufen und reparieren lassen.

An der nächsten Kreuzung biegen wir **links in die Pappelallee** ein. Hier besuchen wir **auf der rechten Straßenseite** 29 YONKEL ORK. In liebevoll gestaltetem Ambiente gibt es hier Geschenkartikel, Wohnaccessoires und viele bezaubernde Kleinigkeiten aus Skandinavien, den USA, Japan – und Berlin. Nichts ist zufällig hier, zu allem weiß Inhaberin Sonja Tschiche eine kleine Geschichte zu erzählen.

Danach laufen wir die **Pappelallee weiter Richtung Schönhauser Eck. Kurz vor der belebten Kreuzung** befindet sich das 30 KOCHHAUS. Der Laden ist wie ein begehbares Kochbuch, denn hier sind Lebensmittel nicht nach Warengruppen, sondern nach Rezepten sortiert. Von der Vorspeise bis zum Dessert sind die benötigten Zutaten bereits zusammengestellt.

Wir **folgen der Straße zur U-Bahn-Station.** Unter der Hochbahn ist 31 KONNOPKE'S IMBISS, einer der bekanntesten Currywurststände Berlins. Seit 1930 gibt es die Imbissbude hier schon.

Wir gehen die **Pappelallee weiter,** die hinter der Kreuzung **zur Kastanienallee wird.** Auch diese Straße bietet sich zum Bummeln an. Wir beenden unsere heutige Tour im 32 PRATER GARTEN. Er ist Berlins ältester Biergarten; bereits seit 1837 trifft man sich hier in den warmen Monaten unter Kastanien. In der dazugehörenden Gaststätte wird ganzjährig hausgemachte Berliner Küche serviert. Die Volksbühne im Prater bietet im Sommer auch Veranstaltungen und ist Standort der legendären Volksbühne am Rosa-Luxemburg-Platz. Bei hauseigenem Prater Pils und Schwarzbier lassen wir den Tag ausklingen.

KOCHHAUS · Schönhauser Allee 46 · U2 Eberswalder Str. · www.kochhaus.de · 030 577089100 · Mo-Sa 10–21 Uhr

KONNOPKE'S IMBISS · Schönhauser Allee 42 (unter der Hochbahn) · U2 Eberswalder Str. · www.konnopke-imbiss.de · 030 4427765 · Mo-Fr 9–20 Uhr, Sa 11.30–20 Uhr

PRATER GARTEN · Kastanienallee 7–9 · U2 Eberswalder Str. · www.pratergarten.de · 030 4485688 · Biergarten April-Sept. tägl. ab 12 Uhr, Gaststätte Mo-Sa ab 18 Uhr, So ab 12 Uhr

Schöneberg

Schöneberg (ehemals West-Berlin) liegt etwas südwestlich vom Berliner Stadtzentrum und gehört zum Verwaltungsbezirk Tempelhof-Schöneberg. Der Name Schöneberg ist Programm, denn schön ist es hier wirklich. Die Bevölkerung ist bunt gemischt, was sich auch in den Straßenzügen widerspiegelt: orientalische Imbissbuden, feine Boutiquen und moderne Galerien treffen aufeinander. Im Sommer, in der Woche vor dem Christopher Street Day, findet in Schöneberg das größte lesbisch-schwule Straßenfest Europas, das Motzstraßenfest, in der Motzstraße nahe dem Nollendorfplatz statt.

Diese charmante Mischung macht Schöneberg sehr attraktiv und reizvoll. Auch für Berühmtheiten. Neben Größen der Literaturgeschichte, wie der Literaturnobelpreisträgerin Nelly Sachs, der Lyrikerin Else Lasker-Schüler oder dem Philosophen Walter Benjamin, lebten auch Popstars wie David Bowie in den 1970er Jahren in Schöneberg. Hier, in der Hauptstraße 155, entstand sein Hit „Heroes". Unsere Tour führt ganz in der Nähe des Hauses entlang, in dem, neben Bowie, auch ein weiterer bekannter Musiker wohnte: Iggy Pop.

Nicht an der Tourroute gelegen, aber einen Besuch wert, ist das Rathaus Schöneberg. Auf dem Vorplatz hielt John F. Kennedy 1963 seine Rede mit dem legendär gewordenen Satz „Ich bin ein Berliner!". Auch andere Berühmtheiten wie Indira Ghandi, die Queen und Martin Luther King waren in diesem Rathaus zu Gast. Der 100 Jahre alte Bau dient auch gern als Filmkulisse. Tom Tykwers Lola rannte zum Beispiel hier.

NOLLENDORFER STR.
WINTERFELDTSTR.
WINTER-
FELDTPLATZ
BÜLOWSTR
BÜLOWS
PALLASSTR.
GOEBENS
POTSDAMER STR.
KYFFHÄUSERSTR.
FRANKENSTR.
GOLTZSTR.
GLEDITSCHSTR.
EISENACHER STR.
BARBAROSSASTR.
ELSSHOLZSTR.
ZIEL
KLEISTPARK
GRUNEWALDSTR.
EISENACHER STR
VORBERGSTR.
AKAZIENSTR.
LANGENSCHEIDTSTR.
ERDMANNSTR.
CRELLESTR.
HELMSTR.
APOSTEL-PAULUS-STR.
MERSEBURGER STR.
BELZIGER STR.
HAUPTSTR.
CRELLESTR.
KOLONNENSTR.
START
JULIUS-LEBER-BRÜCKE
EISENACHER STR.
FEURIGSTR.
EBERSSTR.
GOTENSTR.
LEBERSTR.

KreativTour Schöneberg

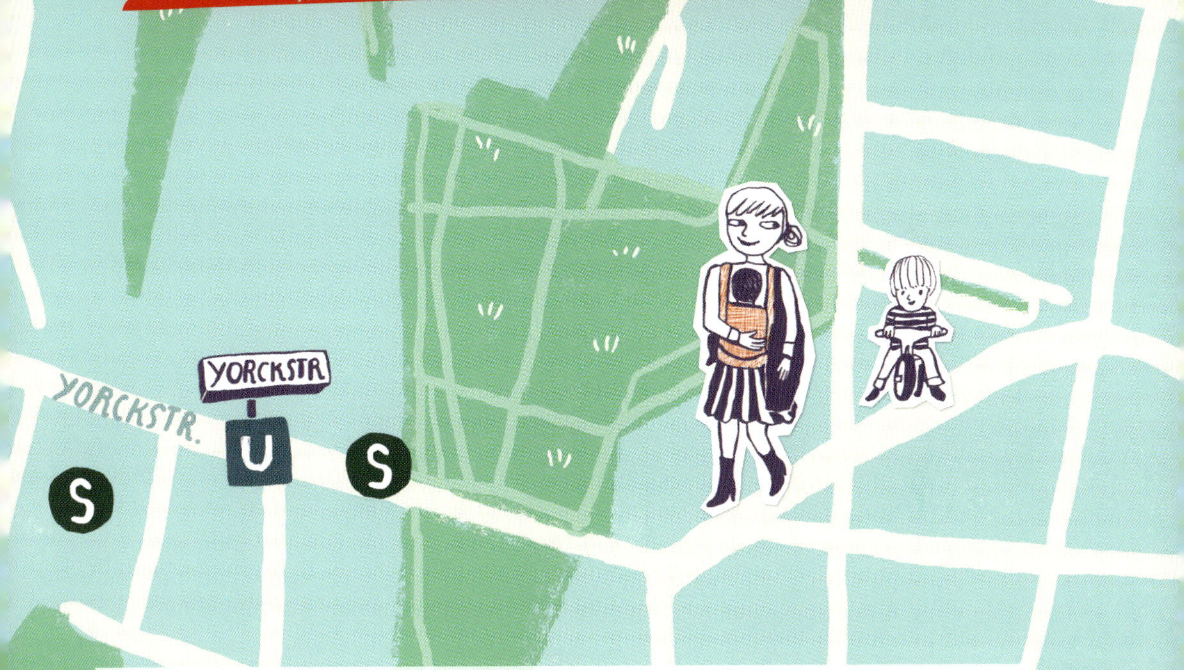

Unsere Tour durch Schöneberg führt von der Julius-Leber-Brücke über die belebte Hauptstraße zu den ruhigen Straßenzügen rund um Akazienstraße und Goltzstraße hinauf zum Winterfeldtplatz. Zum Abschluss besuchen wir den idyllischen Kleistpark.

1 Ess Eins
2 Volksfaden
3 Kochhaus
4 Smilla
5 Tapetenatelier
6 Tuma Be!
7 Vanille & Marille
8 Papierhaus
9 Mimi
10 Mobilien
11 Chapati
12 Hobbyshop Wilhelm Rüther
13 L'épicerie
14 Bis es mir vom Leibe fällt
15 Sorgenfrei
16 Leon Lazar
17 Winterfeldt-Schokoladen
18 Wochenmarkt
19 Hans Wurst Nachfahren
20 Die Wollnerin
21 Emma & Paul
22 Werkstatt dk

- Handmade/D.I.Y.
- Shopping
- Essen/Trinken
- Unterhaltung

ca. 150 m

Tourlänge: ca. 4,5 km
Reine Gehzeit: ca. 1,5 Stunden

Geschichte und Inspiration

Tour Schöneberg

In Schöneberg finden wir ein breites Angebot an D.I.Y.-Läden. Ob Stoff, Perlen oder Keramik – die verschiedenen Läden bieten Selbermachern eine großartige Materialauswahl. Außerdem gibt es viele Inspirationen an der Wegstrecke.

JULIUS-LEBER-BRÜCKE · S1

ESS EINS · Kolonnenstr. 56 · S1 Julius-Leber-Brücke · 030 78891794 · Mo-Fr 8.30–24 Uhr, Sa-So 10–24 Uhr

Von der S-Bahn-Station **gehen wir die Brücke hoch.** Von dort sehen wir in südlicher Richtung schräg vor uns das bekannte Industriedenkmal „Gasometer", aus dem sonntags Günther Jauchs Talkrunde gesendet wird. Ein Abstecher in die Richtung ist lohnenswert (siehe Tipp).

Wir gehen **nach rechts in die Kolonnenstraße.** Gleich am Anfang ist das Café ① ESS EINS, wo wir uns mit einem Kaffee stärken. Danach biegen wir in den **schmalen Pfad rechts neben dem Café** ein. **Am Ende des Pfades treffen wir auf die Crellestraße.**

Dort biegen wir **nach links ab** und schauen in den schönen, liebevoll gestalteten Laden ② VOLKSFADEN hinein.

Im Swing & Sew ist der Name Programm.

Immer der Nase nach – auf ins Mokalola.

Geheimtipps

In Richtung Gasometer, also links entlang der Brücke, nennt man den Kiez Rote Insel. Hier finden sich zwei Geheimtipps: In der Leberstraße liegt der Kaffeeladen MOKALOLA, in dem einfach alles fantastisch schmeckt und wir das Frühstück besonders empfehlen. In der Gotenstraße ist die beliebte Nähschule SWING & SEW. Die charmante Inhaberin Mashal Metje bietet neben Kursen sogar Nähreisen an.

MOKALOLA · Leberstr. 21 · S1 Julius-Leber-Brücke · www.mokalola.de · 030 53166994 · Mo-So 8–20 Uhr

SWING & SEW · Gotenstr. 4 · S1 Julius-Leber-Brücke · www.naehkurse-in-berlin.de · 030 91706451

Schön gemacht für Schöneberg: Zissy mit hübscher Haarschleife.

D.I.Y.
siehe Seite 150

Hinter der bunten Fassade wartet ein Stoffparadies!

Die dort angebotenen „tollkühnen Stoffe“ lassen unser D.I.Y.-Herz sofort höher schlagen und die Beratung ist ganz vortrefflich.

Danach gehen wir **gegenüber in die Helmstraße,** um auf die quirlige Hauptstraße zu gelangen. Am **Ende der Helmstraße biegen wir links ab.** Rechts von uns, nur einige Häuser weiter, liegt die Hauptstraße 155, wo in den 1970er Jahren die Musiker-WG um David Bowie lebte.

Wir laufen die **Hauptstraße entlang, überqueren sie** und stellen fest, dass es hier zur Hauptverkehrszeit wirklich hektisch und laut ist. Aber man sollte diese Verkehrsader unbedingt mal gesehen haben, weil sie so einen Kontrast zu dem ruhigeren Kiez bietet, in den wir gleich gehen.

An der **Ecke Akazienstraße** befindet sich das 3 KOCHHAUS, in dem wir uns kulinarisch inspirieren lassen. Den Markt gibt es auch in anderen Berliner Stadtteilen (siehe Seite 51 und 115), aber dieser war das erste Kochhaus überhaupt.

Wir laufen noch ein bisschen **weiter die Hauptstraße entlang** und biegen dann **rechts in die Eisenacher Straße** ein. Nach ca. 50 Metern befindet sich auf der rechten Straßenseite das 4 SMILLA mit einer tollen Stoff-, Woll- und Kurzwarenauswahl. Von vielseitigen Handarbeitskursen bis hin zur Nähmaschinenberatung gibt es hier wirklich alles.

VOLKSFADEN · Crellestr. 17 · S1 Julius-Leber-Brücke · www.volksfaden.de · 030 72297057 · Di 10–15 Uhr, Mi-Fr 12–18 Uhr, Sa 11–16 Uhr

KOCHHAUS · Akazienstr. 1 · S1 Julius-Leber-Brücke · www.kochhaus.de · 030 577089100 · Mo-Sa 10–21 Uhr, So wechselnd

SMILLA · Eisenacher Str. 64 · S1 Julius-Leber-Brücke · www.smilla-berlin.de · 030 32591333 · Mo-Fr 10–19 Uhr, Sa 11–16 Uhr

Im Kochhaus einzukaufen, ist wie durch ein Rezeptbuch zu wandeln.

Bei Smilla.

Kinozeit !

Wer die Hauptstraße noch etwas weiter läuft, kommt zum kleinen, kuscheligen **ODEON-KINO**, das Filme in englischer Originalfassung zeigt.

ODEON KINO · Hauptstr. 116 · S1 Julius-Leber-Brücke oder Schöneberg · www.yorck.de · 030 78704019

Mustervielfalt im Tapetenatelier.

Wir gehen die Eisenacher Straße vor **bis zur Ecke Belziger Straße** und **biegen rechts ein.** Hier warten, dicht an dicht, so einige „Lädchen", die wir besuchen wollen.

In dieser Straße – und den angrenzenden – gibt es viele Galerien, in die man, je nach Geschmack, unbedingt einen Blick werfen sollte. Wir schauen rechts ins 5 **TAPETENATELIER** rein. Es ist Atelier, Showroom und Raum für Kunsttherapie in einem. Uns interessieren besonders die hand- und digitalgedruckten Tapeten in einer außergewöhnlichen Mustervielfalt.

Balinesische Gemütlichkeit im Tuma Be!

Schräg gegenüber ist 6 **TUMA BE!**, eine spannende Mischung aus Ladengeschäft, Galerie und Café mit einem schönen Angebot an Möbeln, Wohnaccessoires und Schmuck im Ethnostil. Es gibt leckere, wechselnde Tagesgerichte und herrliche selbst gebackene Kuchen. Dazu eine Kaffeeköstlichkeit mit Palmzucker probieren – sehr fein!

Schade, die Dame ist nicht echt!

TAPETENATELIER · Belziger Str. 29 · S1 Julius-Leber-Brücke · www.tapetenatelier.wordpress.com · Mi 16.30–19 Uhr, Sa 14–18 Uhr

TUMA BE! · Belziger Str. 26 · U7 Eisenacher Str. · www.tumabe.de · 030 76768924 · Mo-Fr 11.30–18.30 Uhr, Sa 11–16 Uhr

Reiche Auswahl im Papierhaus.

Die Schatzsucher vom Mimi-Team laden zu einer kleinen Zeitreise ein.

Winters im Vanille & Marille: französische Backkunst von Art Sucré.

VANILLE & MARILLE · Belziger Str. 24 · U7 Eisenacher Str. · www.vanille-marille.de · 030 78954731 · März-Oktober 12–22 Uhr

ART SUCRÉ · u.a. im Vanille & Marille · www.art-sucre.biz

PAPIERHAUS · Belziger Str. 18 · U7 Eisenacher Str. · www.cailun.de · 030 78954404 · Mo-Fr 10–19, Sa 10–16 Uhr

MIMI · Goltzstr. 5 · U7 Eisenacher Str. · www.mimi-berlin.de · 030 23638438 · Mo-Fr 12–19 Uhr, Sa 11–16 Uhr

Fast nebenan liegt die Eismanufaktur 7 VANILLE & MARILLE, die mit ganz besonderen Eiskreationen, wie Berliner Marzipan mit Pflaume, Schoko und einem Schuss Pflaumenschnaps, aufwartet – auch im Becher verpackt zum Mitnehmen. In den kälteren Monaten residiert hier ART SUCRÉ, die fantastische Macarons anbieten.

Nur einige Häuser weiter besuchen wir das 8 PAPIERHAUS. Als typische D.I.Y.ler lieben wir auch Papier und Papierwaren und können uns kaum sattsehen und -fühlen. Was für ein tolles und vielfältiges Material!

Als Nächstes biegen wir **links in die Akazienstraße** ab und laufen bis zur Apostel-Paulus-Kirche hoch. Hier geben sich italienische Restaurants und Imbisse die Klinke in die Hand. Im Oktober findet rund um die Kirche das traditionelle Schöneberger Kürbisfest statt. Wir flanieren und genießen das tolle Flair. Am Ende der Akazienstraße **kreuzen wir die Grunewaldstraße** und **gehen weiter geradeaus.** Die Straße heißt nun Goltzstraße.

Einige Meter hinter der Kreuzung erwartet uns auf der rechten Straßenseite 9 MIMI – ein textiler Antiquitätenladen. Neben wahren Vintageschätzen aus der Zeit der 1950er und 1960er Jahre gibt es historische Kleidung zu kaufen und zu leihen. Man kann auch Kleider nach historischen Vorlagen fertigen lassen. Das Team um Mirjam Grese besteht aus wahrhafti-

Abstecher !

Die Akazienstraße rechts herunter befindet sich das CAFÉ BILDERBUCH, welches zum Frühstücken in Wohnzimmeratmosphäre einlädt. Auch Kleinkunst wird geboten.

CAFÉ BILDERBUCH · Akazienstr. 28 · S1 Julius-Leber-Brücke · www.cafe-bilderbuch.de · 030 78706057 · Mo-Sa 9–24 Uhr, So 10–24 Uhr

gen Vintage-Schatzsuchern und hat schon so manche bekannte Film- oder großartige Theaterproduktion ausgestattet.

Wir gehen **weiter die Goltzstraße entlang. Nach der nächsten Straßenkreuzung** warten schon weitere Empfehlungen. Als Erstes **steuern wir auf der rechten Straßenseite** 10 MOBILIEN an, wo wir zwischen den modernen Kleinmöbeln und Wohnaccessoires gleich einige Geschenkideen für unsere Liebsten erspähen.

Direkt daneben befindet sich 11 CHAPATI, ein feiner Modeladen, der drei Label unterschiedlicher Stilrichtungen anbietet (Chapati, Saphira Night und Alltag Berlin) und mit einem orientalisch-märchenhaften Design und einer eigenen Philosophie aufwartet.

Im Chapati.

An der **Ecke Frankenstraße** liegt auf der anderen Straßenseite 12 HOBBYSHOP WILHELM RÜTHER. In der Goltzstraße sind Perlengeschäft und Künstlerbedarf. Um die Ecke, in der Frankenstraße, ist das Keramikcenter. In den Läden finden Hobbykünstler alles, was das Herz begehrt.

MOBILIEN · Goltzstr. 13b · U7 Eisenacher Str. · www.mobilien-berlin.de · 030 71538675 · Mo-Fr 11–19 Uhr, Sa 11–18 Uhr

CHAPATI · Goltzstr 13b · U7 Eisenacher Str. · www.chapati.de · 030 23639676 · Mo-Sa 11–19 Uhr

HOBBYSHOP WILHELM RÜTHER · Goltzstr. 37 · U7 Eisenacher Str. · www.hobbyshop.de · 030 2363683 · Mo-Fr 10–19 Uhr, Sa 10–16 Uhr

Geschenke findet man im Mobilien.

Für Künstler und Bastler: Hobbyshop Wilhelm Rüther.

Modedesignerin Lisa D's Veränderungsatelier in der Frankenstraße.

Bei Sorgenfrei kann man einige Stücke des Interiours kaufen. Zissy mag das Philetta-Radio.

L´ÉPICERIE · Kyffhäuserstr. 21/Ecke Frankenstr. 4 · U7 Eisenacher Str. · www.epicerie-berlin.de · 030 30023068 · Mo-So 10–20 Uhr

BIS ES MIR VOM LEIBE FÄLLT · Frankenstr. 1 · U7 Eisenacher Str. · www.lisad.com/bisesmirvomleibefaellt · 030 23629716 · Mo-Fr 10–19 Uhr, Sa 11–16 Uhr

SORGENFREI · Goltzstr. 18 · U7 Eisenacher Str. · www.sorgenfrei-in-berlin.de · 030 30104071 · Di-Fr 12–19 Uhr, Sa 10 –18 Uhr, So 13–18 Uhr

LEON LAZAR · Goltzstr. 34 · U7 Eisenacher Str. · www.leonlazar.de · 030 21961906 · Mo, Do 10–19 Uhr; Di, Mi, Fr 10–19 Uhr, Sa 10–16 Uhr

WINTERFELDT-SCHOKOLADEN · Goltzstr. 23/Ecke Pallasstr. · U7 Eisenacher Str./U1–4 Nollendorfplatz · www.winterfeldt-schokoladen.de · 030 23623256 · Mo-Fr 9–20 Uhr, Sa 9–18 Uhr, So 12–19 Uhr

Wir **gehen die Frankenstraße weiter bis zur nächsten Kreuzung**, weil uns 13 L´ÉPICERIE lockt. Das ist ein kleines französisches Spezialitäten-Café und Geschäft. Hier geht es ganz entspannt zu und in die Tapete sind wir fast ein bisschen verliebt. Mehrmals im Jahr finden Aktionstage statt, darunter auch kleine Handmade-Märkte.

Danach gehen wir **die Frankenstraße zurück in Richtung Goltzstraße** und schauen, was sich hinter 14 BIS ES MIR VOM LEIBE FÄLLT verbirgt. Es ist das Veränderungsatelier von LISA D, auf deren Laden wir auch in den Hackeschen Höfen hinweisen (siehe Seite 62). Hier kann man Sachen aufhübschen, alte, heißgeliebte Teile recyclen oder gar nachnähen lassen. Wir finden: ein tolles Konzept.

Zurück in der Goltzstraße lockt auf der anderen Straßenseite die Kaffeestube und Antikhandlung 15 SORGENFREI. Wir erfahren, dass die beiden Besitzer, ein Berliner und ein Pfälzer, eines Tages beschlossen haben, dass früher nicht nur alles schöner war, sondern die 1950er und 1960er Jahre sowieso am schönsten waren. Und entsprechend ist das Café eingerichtet – alles original aus dieser Zeit. Mittendrin kann man richtig guten, hausgemachten Kuchen genießen, außerdem gibt es Schinkenstullen und Kartoffelsalat aus Muttis Küche.

Goldschmiede-Einführung bei Leon Lazar.

Danach gehen wir über die Straße und besuchen die Goldschmiede 16 LEON LAZAR. Panagiotis Tsavdaridis erlernte das Goldschmiedehandwerk von seinem Opa und benannte seinen Laden nach dem geliebten Lehrmeister. Der charmante und humorvolle Inhaber gibt auch Goldschmiedekurse.

Wir ziehen **weiter bis zum Ende der Goltzstraße. Das linke Eckhaus** lohnt einen längeren Blick, denn es ist eines der wenigen Häuser hier, die vom Krieg verschont geblieben sind. Man nennt es aufgrund der bunten Fliesen an der Außenfassade auch „Kacheleck". Ansonsten wurde hier rund um den Winterfeldtplatz, der erheblich gelitten hat im Krieg, viel Lückenbau betrieben.

Im Eckhaus gegenüber ist 17 WINTERFELDT-SCHOKOLADEN. In der einstigen Apotheke kann man heute gemütlich einen Bicerin (ein alkoholfreier Turiner Schokokaffee) trinken und natürlich Schokoladen aus aller Welt kaufen.

Bei Winterfeldt-Schokoladen.

Das Kacheleck am Winterfeldtplatz.

Am Winterfeldtplatz.

Auf dem Winterfeldtplatz, um den wir nun spazieren, findet mittwochs und samstags Berlins größter und vielleicht schönster **18 WOCHENMARKT** statt. Die St. Matthias-Kirche am Rand des Platzes, im neogotischen Stil errichtet, wurde im Krieg stark beschädigt und danach vereinfacht wieder aufgebaut. Ihr früher weithin sichtbarer Turm ist heute stark verkürzt. Hinter der Kirche und an einigen Häusern seitlich des Winterfeldtplatzes bewundern wir die filigranen Metallgeländer des Berliner Architekten Hinrich Baller.

WOCHENMARKT WINTERFELDTPLATZ · U1–4 Nollendorfplatz · www.winterfeldt-markt.de · Mi 8–14 Uhr, Sa 8–16 Uhr

HANS WURST NACHFAHREN · Gleditschstr. 5 · U1–4 Nollendorfplatz · www.hans-wurst-nachfahren.de · 030 2167925

DIE WOLLNERIN · Gleditschstr. 45 · U7 Kleistpark · www.die-wollnerin.de · Mo, Mi-Fr 10–18 Uhr, Di 12–18 Uhr, Sa 10–15 Uhr

EMMA & PAUL · Gleditschstr. 47 · U7 Kleistpark · www.emma-paul.de · 030 23628368 · Mo-Fr 09.30–18.30 Uhr, Sa, So 10–18.30 Uhr

WERKSTATT DK · Elßholzstr. 11 · U7 Kleistpark · www.clau dia-scholl.de · 030 33855058 · Mo-Mi 9–12 Uhr und nach Vereinbarung

Vor dem Theater Hans Wurst Nachfahren.

Neben dem Platz, in der Gleditschstraße, ist das süße Puppentheater **19 HANS WURST NACHFAHREN**. Hund Flash hat das mit „Wurst" irgendwie falsch verstanden, aber das wäre humoristisch sicher im Sinne des Ensembles. Wir erfahren, dass dieses Kleinod um sein Weiterbestehen am Winterfeldtplatz kämpft.

Abstecher Nollendorfplatz !

Die Gleditschstraße führt zum Nollendorfplatz. Von dort startet jährlich die bunte Parade zum lesbisch-schwulen **MOTZSTRASSENFEST**.

Der prächtige Bau an der Ecke zur Motzstraße ist übrigens das einstige Neue Schauspielhaus, heute exklusiver Club und glamouröse Partylocation namens **GOYA**.

Um den Nollendorfplatz spielt auch Erich Kästners Geschichte **EMIL UND DIE DETEKTIVE**.

Bei der Wollnerin.

Im Kinderparadies Emma & Paul.

Wir **überqueren die Pallasstraße** und gehen **die Gleditschstraße weiter hinunter. Auf der linken Seite** stoßen wir auf das frisch eröffnete 20 DIE WOLLNERIN. Hier werden neben einer schönen Auswahl handgefärbter Wolle auch Strickkurse angeboten. **Gleich nebenan** ist das Familiencafé 21 EMMA & PAUL, wo man ganzjährig entspannt frühstücken kann, weil die Kleinen beschäftigt sind. Selbst für Babys gibt es hier Krabbeldecken.

Ein Stück hinter dem Café (gegenüber der Barbarossastraße) führt ein **schmaler Gang zwischen den Häusern** hindurch. Darauf gelangen wir **in die Elßholzstraße.**

Dort **biegen wir links ab** und erreichen nach wenigen Metern die 22 WERKSTATT DK von Anne Kanis und Claudia Scholl. Hier wird gedruckt und mit Karton gestaltet. Die beiden Künstlerinnen bieten in ihrer kleinen Werkstatt der außergewöhnlichen Dinge auch Workshops für Kinder und Eltern an.

Wir **wechseln die Straßenseite zum Heinrich-von-Kleist-Park** (Kleistpark), der hinter dem Kammergericht liegt. Dieser Park lädt im Sommer ein, den Tag auf einer Decke sitzend mit einer mitgebrachten Limonade ausklingen zu lassen. Einst war dies ein Botanischer Garten und wegen der Bäume, die zum Bestand gehörten, steht der Park unter Denkmalschutz. Der Park ist erst seit der Wiedervereinigung wieder öffentlich zugänglich, da sich bis

Im Kleistpark.

1990 die Luftsicherheitszentrale der Alliierten im angrenzenden Gebäude befand. Heute ist das Haus wieder Kammergericht und Sitz der Generalstaatsanwaltschaft von Berlin.

Unsere Schöneberg-Tour ist nun zu Ende. **Wir verlassen den Park über die Kolonnaden an der gegenüberliegenden Seite** und laufen die **Potsdamer Straße nach rechts** zur U-Bahn-Station Kleistpark.

Flowerpower für die Jacke.

Afrikanisch essen !

Wer den Tag in einem netten Lokal ausklingen lassen möchte, dem empfehlen wir **ABISSINIA** in der Grunewaldstraße (nahe Ecke Gleditschstraße).

Dort gibt es leckere äthiopische und eritreische Spezialitäten und am Wochenende werden traditionellen Kaffeezeremonien angeboten, wo man die Zubereitung von der grünen Bohne bis hin zum aufgegossenen Kaffee erleben kann.

ABISSINIA · Grunewaldstr. 82 · U7 Kleistpark · www.abissinia-berlin.de · 030 74684000 · Mo-So ab 16 Uhr

KaDeWe, Bikini und DaWanda

Wer noch Lust und Zeit hat, dem empfehlen wir einen Abstecher in den Norden Schönebergs und in das nahe Charlottenburg.

Shoppen und mehr: Bikini Berlin.

Am Wittenbergplatz, im Nordwesten Schönebergs gelegen, befindet sich das berühmte Kaufhaus KADEWE, das nicht nur zur Weihnachtszeit – wenn ein reich geschmückter Baum im Foyer erstrahlt – vielfältige Inspirationen bietet.

Vom Bahnhof Zoo (Ausgang Hardenbergstraße) gelangt man in wenigen Minuten zum BIKINI. **Vis-á-vis der Gedächtniskirche** gelegen, empfängt die Concept Mall mit sphärischen Klängen. Innen warten Designerläden und Pop-up-Stores, darunter auch der Handmade-Laden Promobo (siehe Seite 60). Auf der Dachterrasse hat man einen wunderbaren Blick in den Berliner Zoo – und der umliegende Großstadttrubel scheint hier ganz fern.

KADEWE · Tauentzienstr. 21–24 · U1–3 Wittenbergplatz · www.kadewe.de · 030 21210 · Mo-Do 10–20 Uhr, Fr 10–21 Uhr, Sa 9.30–21 Uhr

BIKINI BERLIN · Budapester Str. 38–50 · S 5, 7, 9, 75 und U2/9 Zoologischer Garten · www.bikiniberlin.de · Mo-Sa 10–20 Uhr

DAWANDA SNUGGERY · Windscheidstr. 19 · S5, 7, 75 Charlottenburg · dawanda.com/snuggery · Mo-So 10–19 Uhr

Nahe der S-Bahn-Station Charlottenburg liegt die DAWANDA SNUGGERY. Der Concept Store des Online-Marktplatzes für Selbstgemachtes vereint Ladengeschäft, Creative Space und Café stilvoll unter einem Dach. Hier dreht sich alles um das Trend-Thema DIY: man kann handgemachte Produkte kaufen und bei Kaffee und Macarons in Kreativbüchern schmökern. Donnerstags gibt es kostenlose Workshops für DIYler.

In der Snuggery von DaWanda dreht sich alles ums Selbermachen.

KreativKopf: DaWanda

Handgemachte Produkte erobern Europa.

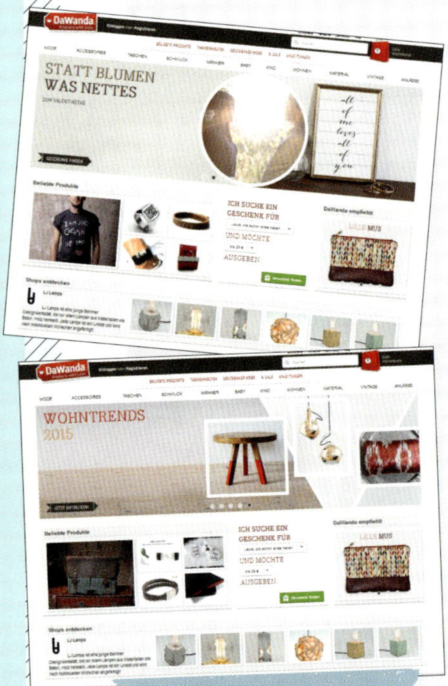

DaWanda ist DER Online-Marktplatz für Handgemachtes und Unikate.

DAWANDA ONLINE-MARKTPLATZ · www.dawanda.com

DAWANDA SNUGGERY · Windscheidstr. 19 · S5, 7, 75 Charlottenburg · dawanda.com/snuggery · Mo-So 10–19 Uhr

Claudia Helming ist Gründerin und Geschäftsführerin von DaWanda, dem Online-Marktplatz für Unikate und Selbstgemachtes. Als Gegenpol zur industrialisierten Massenware bietet DaWanda eine Anlaufstelle für Menschen, die die Besonderheit von Handgemachtem zu schätzen wissen.

? Was ist das Erfolgsrezept?

Handarbeit hat in den letzten Jahren einen Imagewandel erfahren, zu dem DaWanda selbst viel beigetragen hat. Gefragt sind Artikel, die nicht am Fließband, sondern auf nachhaltige Weise produziert werden. Diesen Trend haben wir früh erkannt. Bei DaWanda reicht das Angebot von Mode, Schmuck, Accessoires über Artikel für Baby und Kind bis hin zu den Bereichen Kunst und Wohnen.

? Wie bist du auf die Idee gekommen?

Die Idee für den Online-Marktplatz DaWanda entstand im 1.800 km entfernten Moskau, wo ich gemeinsam mit meinem damaligen Kollegen Michael Pütz lebte und arbeitete. Als besonderes Weihnachtsgeschenk für Freunde und Familie bemalten wir landestypische Matroschka-Puppen – das Ergebnis ließ jedoch zu wünschen übrig. Da kamen wir auf die Idee, einen Marktplatz für Menschen zu schaffen, die etwas Individuelles verschenken möchten, ohne selbst besondere, kreative Fähigkeiten zu besitzen.

? Bist du selber kreativ tätig?

Was klassische Handarbeiten angeht, habe ich leider zwei linke Hände. Dafür kenne ich mich bestens aus in der aktuellen DIY-Szene und bin wohl selbst eine unserer treusten Kundinnen.

Meinen kreativen Rückzugsort pflege ich in Charlottenburg, in über 15 Metern Höhe. Ich bin passionierte Hobbygärtnerin, besonders das Thema Urban Gardening begeistert mich sehr. Auf dem Balkon vor meinem Büro pflanze ich Himbeeren und Tomaten, Rosen und verschiedene Kräuter an. Beim Gärtnern sehe ich schnell einen greifbaren Ertrag für meine Arbeit – ein willkommener Gegenpol zur virtuellen Welt.

? Was ist deine Philosophie?

Mein Motto lautet: einfach machen! Ich wusste früh, was ich will und habe es in die Hand genommen. Ich habe mich nicht abwimmeln lassen und an meine Träume geglaubt. Gerade, wenn es um berufliche Erfolge oder eine Unternehmensgründung geht, kann ich nur raten: Bleibt zäh und lasst euch nicht unterkriegen!

? Warum Berlin? Was liegt hier in der Luft?

Alle 20 Stunden wird in Berlin ein neues Internetunternehmen gegründet – die Hauptstadt wird ihrem Spitznamen „Silicon Allee" durchaus gerecht und kann ohne Weiteres mit den faszinierendsten internationalen Metropolen mithalten. Bei vergleichsweise geringen Lebenshaltungskosten und einem gigantischen kulturellen und wirtschaftlichen Angebot zieht die Stadt Kreative aus ganz Europa an: innovative Gründer und qualifizierte Mitarbeiter, Meinungsmacher und Multiplikatoren. Täglich entstehen hier neue Trends, werden Arbeitsplätze geschaffen, wachsen Unternehmen heran.

Claudias Lieblingsplätze:

Frühstück: in der DAWANDA SNUGGERY Windscheidstr. 19 (Charlottenburg), im CAFÉ AM NEUEN SEE Lichtensteinallee 2 (Tiergarten) oder im KÄFER DACHGARTEN-RESTAURANT im Deutschen Bundestag Platz der Republik 1 (Mitte)

Shopping: DUSSMANN das KulturKaufhaus Friedrichstr. 90 (Mitte)

Unterhaltung: MARTIN-GROPIUS-BAU Niederkirchnerstr. 7 (Kreuzberg) und WALDBÜHNE im Olympiapark Glockenturmstr. 1 (Westend)

Drink: RUM TRADER BAR Fasanenstr. 40, ZWIEBELFISCH Savignyplatz 7–8 und PARIS BAR Kantstr. 152 (alles Charlottenburg)

Restaurant: CAFÉ RESTAURANT MANZINI Ludwigkirchstr. 11 (Wilmersdorf), MANI DI FATA Leonhardtstr. 4 (Charlottenburg), HARTMANNS Fichtestr. 31 (Kreuzberg) und CHÂLET SUISSE Im Jagen 5/Clayallee 99 (Grunewald)

Nightlife: VICTORIA BAR Potsdamer Str. 102 (Tiergarten), GREEN DOOR COCKTAILBAR BERLIN Winterfeldtstr. 50 (Schöneberg) und WÜRGEENGEL BAR Dresdener Str. 122 (Kreuzberg)

Floh-/Trödelmarkt: DER BERLINER TRÖDELMARKT Str. des 17. Juni (Tiergarten), WOCHENMARKT AM KARL-AUGUST-PLATZ Pestalozzistr. 43 (Charlottenburg) und MARKT AM MAYBACHUFER (Neukölln)

DaWanda zum Anfassen: Die Snuggery ist Laden, Café und Workshop-Treffpunkt.

D.I.Y.-Anleitungen

Mit unseren Do-it-yourself-Projekten könnt ihr euch flott machen für eine Reise nach Berlin oder ein Stück Berlin nach Hause holen. Wir zeigen euch, was ihr nähen, drucken und basteln könnt. Bei allen Ideen haben wir darauf geachtet, dass sie sich ganz einfach umsetzen lassen, auch ohne besondere Vorkenntnisse.

Auf den folgenden Seiten erwartet euch ein Potpourri aus modischen Accessoires, Homedeco und Spielzeug. Bianka und ich zeigen euch, wie ihr Haarband, Tasche, Bubikragen und die anderen Sachen, die wir bei den Touren getragen haben, selber machen könnt. Auch kleine Geschenkideen sind dabei, wie ein Eierwärmer in Fernsehturm-Optik, ein glitzernder Spreekarpfen zum Anstecken oder ein Glückspilz aus Filz. Von unseren kreativen Mitstreitern, die wir euch auf den KreativKopf-Seiten vorgestellt haben, stammen die raffinierten Ideen zum Gestalten des eigenen Zuhauses, wie witzige Kabelumknüpfungen, Upycling-Möbelkisten und selbst bedruckte Stoffe. Auch an die Kleinsten haben wir alle natürlich gedacht.
Für Kinder sind die liebevoll gestalteten Kuschel- und Spieltiere sowie die witzigen Stempel zum Selbermachen.

Ihr könnt euch von den Ideen zu eigenen Projekten inspirieren lassen oder die Modelle wie abgebildet nacharbeiten. Dazu gibt es viele Vorlagen, die einfach im TOPP-Downloadcenter heruntergeladen werden können. Bitte beachte dazu den Hinweis auf Seite 160. Wir wünschen euch viel Spaß beim Selbermachen und freuen uns schon auf Bilder und Feedback von euch.

zu Seite 18:

Haarband
einfach genäht

MATERIAL

* Stoff, ca. 15 cm x 90 cm
* farblich passendes Nähgarn

HILFSMITTEL

* Nähmaschine
* Stecknadeln
* Schere
* kleine Stickschere
* Markierstift
* Bügeleisen
* Klebefilm

VORLAGE

Haarband *

1 Die Vorlage für das Haarband nach Bedarf kürzen oder verlängern.

Zum Ermitteln des Kopfumfangs das Maßband an der Stelle um den Kopf legen, wo das Band später sitzen soll. Zum Anpassen genau in der Mitte der Vorlage einige Zentimeter dazugeben oder wegschneiden. Zum Kürzen die Vorlage mittig durchschneiden und an den Schnittkanten gleichmäßig auf jeder Seite einige Zentimeter wegschneiden. Zum Verlängern einen Papierstreifen in der benötigten Länge zwischen die Schnittkanten kleben.

2 Dann die Vorlage mit dem Markierstift zweimal auf den Stoff übertragen. Den Stoff ausschneiden.

3 Die beiden Stoffstreifen nun deckungsgleich rechts auf rechts aufeinanderlegen, mit Stecknadeln fixieren und einmal entlang der Außenkante steppen. Dabei eine Verstürzöffnung offen lassen.

4 Die Nahtzugabe mit der Stickschere an den gerundeten Stellen einschneiden bzw. die spitzen Enden an den Außenseiten kurz hinter der Naht abschneiden.

5 Durch die Verstürzöffnung das Band auf die richtige Seite wenden, dann mit einem Stift schön ausformen und glatt bügeln.

6 Die Nahtzugabe an der Verstürzöffnung nach innen klappen, mit Stecknadeln fixieren und die Öffnung knappkantig zunähen.

7 Das Band ist fertig! Die schmalen Stellen dienen dazu, dass sich das Band besser knoten lässt.

TIPP!

Das Haarband eignet sich wunderbar für Stoffreste. Die Knotenenden (Schleife) liegen bei sehr dünnem Stoff besser, wenn man sie mit Sprühstärke bügelt, bevor man das Band umknotet.

zu Seite 22:

Jutebeutel
kinderleicht schabloniert

MATERIAL

* Jutebeutel, 38 cm x 42 cm
* Haftspray für Schablonen (Fix it)
* Schablonierschwamm oder weicher Küchenschwamm
* Textilfarbe
* Textilstift (für Schrift)

HILFSMITTEL

* Papier
* Drucker
* Cutter oder kleine Schere
* Schneideunterlage
* altes Zeitungspapier

* siehe Download-Hinweise auf Seite 160

* Karton, ca. A4
* alter Teller oder Pappteller

VORLAGE
Beutel mit Bär*

1 Den Beutel waschen, um die Appretur zu entfernen, und nach dem Trocknen glatt bügeln.

2 Den Karton in den Beutel schieben, damit die Farbe nicht auf die Rückseite durchdruckt. Den Beutel dann auf einen glatten, harten Untergrund legen.

3 Die Vorlage ausdrucken und die Innenflächen an den schwarzen Linien mit einer kleinen Schere oder einem Cutter auf einer Schneideunterlage ausschneiden. Die Ohren und Augen sauber ausschneiden und aufbewahren, sie werden benötigt.

4 Nun werden die Schablonenteile mit Haftspray besprüht. Dazu den Raum gut belüften oder draußen arbeiten. Die Schablonen (Ohren und Augen nicht vergessen) mit der Rückseite nach oben auf eine Unterlage legen, z. B. Zeitungspapier. Vorsicht bei den Kleinteilen, damit sie durch den Sprühstoß nicht wegfliegen.

Hinweis: Haftspray lässt sich komplett rückstandsfrei wieder abziehen und fixiert Schablonen nur temporär.

5 Das Spray nach Herstellerangaben anziehen lassen. Die Schablone dann auf dem Beutel positionieren und leicht andrücken. Die Kleinteile nicht vergessen.

6 Etwas Textilfarbe auf den Teller geben, mit dem Schwamm aufnehmen und die freien Flächen der Schablone damit betupfen. Immer wieder Farbe aufnehmen, bis die Flächen gefüllt sind. Auch unterschiedliche Farben können nebeneinandergesetzt werden.

7 Dann das Papier abziehen und die Farbe trocknen lassen. Zum Fixieren der Farbe die Herstellerangaben beachten.

8 Den gewünschten Schriftzug mit einem Textilstift ergänzen. Der Schriftzug kann vorher am Computer erstellt und ausgedruckt oder mit einem dicken schwarzen Stift auf ein Blatt geschrieben werden. Zum Durchpausen in die Tasche unter den Stoff legen. Nach Herstellerangaben fixieren.

---

zu Seite 31:

Shoppingbeutel
selbst genäht und bedruckt

MATERIAL
* Baumwollstoff für außen, 2x 30 cm x 36 cm
* Baumwollstoff für innen, 2x 30 cm x 36 cm
* Gurtband für die Henkel/Tragegriffe, mindestens 2x 50 cm lang (je nach gewünschter Länge der Henkel)
* Textilfarbe
* Moosgummi
* feste Pappe

HILFSMITTEL
* Pinsel
* Klebstoff
* Schere
* Bleistift
* Bügeleisen
* Backpapier

VORLAGE
Beutel mit Spruch*

1 Den Schriftzug auf das Moosgummi übertragen und ausschneiden. Das Motiv auf stabile Pappe kleben. Bei Schriftzügen beachten: Die Schrift immer spiegelverkehrt und rückwärts aufkleben. Das Ergebnis lässt sich gut mit einem Spiegel überprüfen.

2 Die Vorderseite des Beutels aus Außenstoff bügeln und hochkant auf den Tisch legen, d. h. eine kurze Seite liegt oben. Darunter eine feste Unterlage und Zeitungspapier legen, damit die Textilfarbe nicht durch den Stoff auf den Tisch druckt.

3 Die Moosgummi-Buchstaben mit Textilfarbe bestreichen bzw. betupfen. Dann die Buchstaben nach unten auf die gewünschte Stelle des Beutels drücken. Nicht verrutschen, einmal fest andrücken reicht.

4 Den Stempel vorsichtig abziehen. Den Druck mindestens fünf Stunden trocknen lassen, dann nach Herstellerangaben mehrfach bügeln, um die Farbe zu fixieren. Zum Schutz Backpapier dazwischenlegen.

5 Die Tasche zusammennähen: Die beiden Zuschnitte aus Außenstoff rechts auf rechts übereinanderlegen und an allen Seiten mit Nadeln fixieren. Das gedruckte Motiv liegt dabei innen. Rundherum mit 1 cm Nahtzugabe absteppen, dabei jedoch die Oberkante offen lassen.

6 Die unteren Ecken des Beutels auffalten und Seiten- und Bodennaht genau übereinanderlegen. Dabei die Nahtzugabe auseinanderklappen und eine Nadel zur Fixierung einstecken. Dann bei 3 cm senkrecht darüber steppen. Die Nahtzugabe auf 3–4 mm zurückschneiden. So entsteht eine Ecke und der Beutel bekommt Volumen.

7 Beide Zuschnitte aus Innenstoff rechts auf rechts übereinanderlegen und an allen Seiten mit Nadeln fixieren. Rundherum mit 1 cm Nahtzugabe absteppen, dabei jedoch die Oberkante und eine 8 cm breite Stelle am Taschenboden als Wendeöffnung offen lassen.

8 An den unteren Ecken des Beutels die Seitennaht wieder genau auf die Bodennaht legen und senkrecht bei 3 cm darübersteppen.

9 Den fertigen Innenbeutel auf rechts wenden und in den fertigen Außenbeutel (bleibt auf links gedreht) stecken. Beide Seitennähte bündig ausrichten, dabei die Nahtzugaben auseinanderklappen. An der oberen Kante beide Beutel mit Stecknadeln fixieren. Dann mit 1 cm Nahtzugabe den oberen Rand komplett absteppen.

10 Den Beutel durch die Verstürzöffnung wenden. Die Nahtzugaben an der Wendeöffnung nach innen klappen und die Wendeöffnung knappkantig mit einem Geradstich verschließen.

11 Zwei gleich lange Streifen Gurtband als Tragegriff/Henkel annähen. Sie können außen sichtbar oder innen versteckt angenäht werden. Jeweils das Ende eines Gurtband-Streifens mit 6 cm Abstand zur Seitennaht des Beutels an der Oberkante des Beutels feststeppen. Darauf achten, dass der Henkel nicht in sich verdreht ist.

zu Seite 43:

Leuchtenkabel
stylisch umknüpft

MATERIAL

* 550 Paracord (Fallschirmleine), ø 4 mm, 11,50 m lang (für ca. 1 m Kabelumknüpfung)
* Leuchtenpendel

HILFSMITTEL

* Feuerzeug

Das Lampenkabel wird mit Helixknoten, auch Wellenknoten oder halber Weberknoten genannt, umknüpft. Wie auf den Zeichnungen rechts zu sehen, formen die beiden außenliegenden losen Schnurenden (=Knüpfschnüre) eine Helixstruktur um die beiden stehenden Schnurenden (=Leitschnüre). In unserem Beispiel bildet das Lampenkabel die Leitschnur.

1 Die Schnur mittig um das Leuchtenkabel schlagen und das Kabel von der Lampenfassung ausgehend umknüpfen.

* siehe Download-Hinweise auf Seite 160

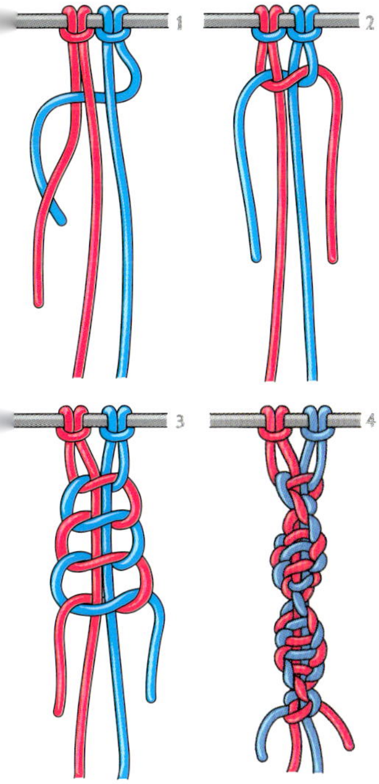

2 Das rechte Ende der Schnur im Bogen unter dem Lampenkabel nach links führen, sodass rechts eine Schlaufe entsteht, und das Schnurende über das linke, lose Ende legen (Abb. 1).

3 Nun das linke, lose Ende über das Lampenkabel nach rechts führen und durch die Schlaufe stecken. Beide losen Enden gleichmäßig fest anziehen. Der erste Knoten ist geschafft (Abb. 2).

4 Die Schritte 2 und 3 so lange wiederholen, bis die Helixstruktur die gewünschte Länge erreicht hat (Abb. 3 und 4).

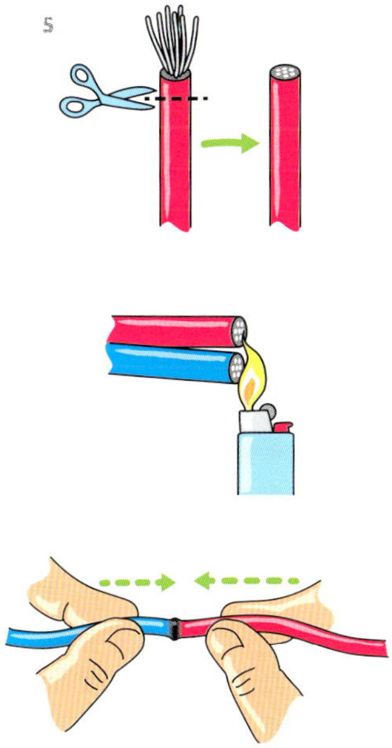

5 Um die Arbeit zu beenden, die beiden losen Enden miteinander verschweißen (Abb. 5). Dazu die beiden sauber abgeschnittenen Schnurenden parallel und bündig zueinander an die offene Flamme eines Feuerzeuges halten, bis die Enden angeschmolzen sind. Das Feuerzeug beiseitelegen und die Enden rasch für ca. 20 Sekunden zusammendrücken, bis der verschweißte Bereich erkaltet und ausgehärtet ist.

TIPP !

Wie in Schritt 5 beschrieben, kann man übrigens auch Schnüre verlängern, wenn einmal das Material ausgeht oder ein Farbwechsel gewünscht ist.

zu Seite 44:

Kindermütze

aus flexiblem Jersey

MATERIAL

- Jersey-Motivstoff, 25 cm x 45 cm
- Zackenlitze, 5 mm breit, 16 cm lang
- Bündchenstoff, 40 cm x 6 cm

HILFSMITTEL

- Schere
- Markierstift
- Nähmaschine

VORLAGE

Mütze*

1 Die Vorlage mit dem Markierstift zweimal auf den Stoff übertragen. Den Stoff ausschneiden.

2 Die Zackenlitze mittig durchschneiden. Jedes Stück doppelt legen.

3 Die beiden Jerseyteile rechts auf rechts aufeinanderlegen und mit Stecknadeln fixieren. Die Zackenlitzenstücke oben an den Zipfeln einlegen. Darauf achten, dass die Schlaufen nach innen zeigen – nach dem Wenden zeigen sie somit nach außen.

4 Dann den Stoff an drei Seiten im Zickzackstich zusammennähen. Während des Nähens die Stecknadeln nach und nach entfernen. Die Unterseite bleibt offen.

5 Den Bündchenstoff nach Vorlage zuschneiden und an den kurzen Seiten zusammennähen. Das Bündchen in der Hälfte falten, sodass sich ein Bündchen mit 3 cm x 40 cm ergibt, welches kreisrund ist.

6 Das Bündchen so in den offenen Bereich der Mütze schieben, dass die geschlossene Seite nach innen zeigt. Die Mützenstoffe liegen weiterhin rechts auf rechts.

7 Zum Einnähen des Bündchens Jerseystoff und Bündchenstoff durch Ziehen des Stoffes aneinander anpassen. Einfacher ist es, wenn vorher mit Stecknadeln vier Orientierungspunkte markiert werden; so kann nichts verrutschen und die Länge der beiden Stoffe lässt sich leichter aufeinander abstimmen. Das Bündchen im Zickzackstich annähen.

8 Abschließend die Mütze wenden und die Nähte mithilfe einer Schere versäubern.

zu Seite 49:

Schlüsselanhänger
geschickt gestickt

MATERIAL
- Plastik-Stramin in Transparent, ca. 10 cm x 10 cm (ca. 26 Loch auf 10 cm)
- Stickgarn, Wolle
- Schlüsselanhänger-Rohling
- Bastelfilz (für Rückseite)
- Alleskleber

HILFSMITTEL
- Schere
- Permanentmarker
- Sticknadel
- kleine Biegezange

VORLAGE
Schlüsselanhänger*

1 Die Außenkante der Vorlage und die Augen mit dem Permanentmarker auf den Stramin anzeichnen, dabei an der Vorlage orientieren.

2 Nun die Löcher im Kreuzstich mit Stickgarn aussticken. An den Außenkanten einen gleichmäßigen Rand von einem Loch lassen.

3 Danach das Wollgarn doppelt in die Sticknadel fädeln und damit den Rand sticken: Im einfachen Stich alle Löcher einmal rundherum umschlingen.

4 Die Stickarbeit mit Klebstoff auf den Bastelfilz kleben und nach dem Trocknen den Filz rundherum knapp abschneiden.

5 Mit der Schere in ein Straminloch an der linken oberen Ecke einstechen, um es etwas zu weiten. Mit der Biegezange den Ring des Schlüsselanhänger-Rohlings öffnen, durch das Loch führen und wieder schließen.

TIPP!
Dieser Schlüsselanhänger ist ein tolles Geschenk. Auch andere kleine Monster (mit Fühlern, anderen Beinen etc.) sind schnell selbst kreiert.

* siehe Download-Hinweise auf Seite 160

Zu Seite 63:

Glückspilz

einfach, aber braucht etwas Zeit

MATERIAL

* Merinowolle im Kammzug in Weiß, ca. 40 g
* Merinowolle im Kammzug in Rot, ca. 20 g
* 2 EL flüssige Olivenseife oder Geschirrspülmittel
* warmes Wasser, ca. 1 Liter

HILFSMITTEL

* Luftpolsterfolie
* feines Netzgewebe (z. B. Fliegengitter oder Gaze)
* evtl. Filznadel, Küchenschwamm

1 Das Wasser sollte so warm wie möglich sein. Darin die Seife auflösen.

2 Die Luftpolsterfolie auf den Untergrund legen und die weiße Merinowolle in einzelne Fäden reißen und jeden breit auffächern. Daraus Schicht für Schicht eine ca. 20 cm lange, dicke Wurst formen. Am unteren Ende für den dickeren Stumpf noch mehr Filzwolle auflegen.

3 Ein wenig Seifenwasser über die Wurst schütten, dabei aber die oberen 6–8 cm trocken lassen. Mit den Handflächen vorsichtig über die Wurst streichen und, wenn sich die Fasern an der Oberfläche leicht verbunden haben, über die Luftpolsterfolie hin und her rollen. Das obere Ende der Wurst nicht mit einfilzen und weiterhin trocken lassen; damit wird der Pilzstiel später am Hütchen angefilzt. So lange reiben und rollen bis sich der Stiel fest anfühlt.

4 Nun Fäden aus der roten Merinowolle reißen, wieder gut auffächern und einen Kreis von 20 cm auslegen. Etwa sechs Schichten aufeinanderlegen, wobei jede Schicht entgegengesetzt der vorhergehenden aufgelegt wird. Der Kreis schrumpft beim Filzen auf ca. 17 cm.

5 Das Netzgewebe auflegen, die Filzwolle mit Seifenwasser befeuchten und in kleinen, zarten, kreisenden Handbewegungen beginnen, zu filzen. Filzen, bis sich die Fasern verbunden haben, dann das Netzgewebe abnehmen, überstehende Fasern an den Seiten nach innen klappen und die Fläche durch Reiben mit der Hand filzen, bis die Fasern gut verbunden sind.

6 Für die Punkte weiße Merinowolle in mindestens drei kreuzweisen Schichten auslegen und eine Fläche filzen. Die Fasern sollten gut aneinander haften. Daraus Punkte ausschneiden.

7 Die Punkte auf die rote Fläche legen und durch Reiben auffilzen. Leichter gelingt das Auffilzen, wenn die Punkte mit einer Filznadel auf einer weichen Unterlage (Küchenschwamm) ein wenig angenadelt werden.

8 Den Pilzdeckel umdrehen. Die trockenen Fasern des Stiels kreisförmig auffächern und den Stiel wie abgebildet auf das Hütchen setzen.

9 Die Filzwolle mit Seifenwasser benetzen und vorsichtig anfilzen. Überstehende Fasern nach innen klappen. Dieser Schritt erfordert etwas Geduld.

10 Wenn Stiel und Hut gut verbunden sind, den ganzen Pilz noch einmal durch kräftiges Reiben bearbeiten, bis der Filz sich fest anfühlt. Danach das Seifenwasser sehr gut ausspülen, mit Essigwasser nachspülen, um Seifenreste zu neutralisieren, und den Pilz auf einem Handtuch trocknen lassen.

zu Seite 65:

Eierwärmer
aus Wollfilz genäht

MATERIAL

* dicker Wollfilz, 43 cm x 19 cm
* Textilkleber
* farblich passendes Garn
* 6 Brads, ø 5 mm
* 3D-Liner

HILFSMITTEL

* Buntstift
* Schere
* Nähmaschine

VORLAGE
Eierwärmer*

1 Die Vorlage zweimal – einmal davon spiegelverkehrt – aus Wollfilz ausschneiden.

2 Die Motivteile bündig aufeinanderlegen und mit der Nähmaschine im Zickzackstich zusammennähen. Die Unterkante bleibt offen.

3 Am unteren Rand des Fernsehturms auf Vorder- und Rückseite jeweils drei Brads befestigen. Dazu Löcher einstechen, die Füßchen der Klammern durchschieben und innen auseinanderklappen.

4 Abschließend den Fernsehturm an den Rändern mit dem 3D-Liner verzieren. Die Farbe gut trocknen lassen, danach die Rückseite ebenso gestalten.

zu Seite 71:

* siehe Download-Hinweise auf Seite 160

Weinkiste reloaded
mit Stencil Art gestalten

MATERIAL
* Weinkiste (z. B. vom Weinhändler)
* Schleifpapier
* dickes Papier oder Kunststofffolie (für Schablone)
* Acryllack
* Sprühlack (Acryl)

HILFSMITTEL
* Pinsel
* Cutter und Schneidematte
* Klebefilm
* Folie/Plastiktüten zum Abdecken

1 Den Arbeitsplatz mit alten Zeitungen auslegen und die Kiste mit Schleifpapier abschleifen (wenn möglich draußen).

2 Die Kiste mit Acyllack grundieren. Gut trocknen lassen.

3 Für das Stencil-Motiv eine Schablone aus dickem Papier oder Folie anfertigen. Das gewünschte Motiv aufzeichnen und die Innenflächen mit einem Skalpell ausschneiden.

4 Die Schablone an der gewünschten Stelle mit Klebefilm fixieren und die restliche Kiste großzügig mit Folie/Plastiktüten abkleben. Das Motiv mit Sprühlack aussprühen. Die Schablone erst entfernen, wenn alles gut getrocknet ist.

TIPP !

Die aufgepeppte Weinkiste macht sich gut als Wandregal für Bücher, Geschirr, Klamotten, Magazine und DVDs. Sie kann auch mit Rollen versehen und als Spielzeug- und Krimskramskiste verwendet werden. Umgedreht wird ein Beistelltisch daraus und aus mehreren gestapelten und verschraubten Kisten ein großes Regal.

zu Seite 81:

Berlin to go
selbst gemachte Anstecker

MATERIAL

FISCH
* Filzrest in Türkis
* Stoffrest in Orange gepunktet
* ca. 21 Pailetten in Weiß, ø 0,8 mm
* ca. 21 Rocailles in Grün, transparent, ø 2 mm
* Knopf in Weiß, ø 1,4 cm
* Knopf in Schwarz, ø 8 mm
* Stiftperlen mit Einzug in 15x Petrol, metallic und 40 x Gold, 2 mm x 11 mm
* Bügelvlies, 10 cm x 20 cm
* Stickgarn in Blau
* 2 Anstecker-Rohlinge, 3 cm breit

FERNSEHTURM
* Glitzer-Bügelfolienrest
* Filzrest in Türkis, ca. 4 cm x 20 cm
* Glasperlen in 8x Karminrot und 6x Weiß, opak, ø 5 mm
* 9 Stiftperlen mit Einzug in Petrol, metallic, 2 mm x 11mm
* 2 Glasstifte in Gold, 2,5 mm x 30 mm
* 4 Pyramidennieten/Schmucknieten, 9 mm breit
* Anstecker-Rohling, 3 cm breit

BRANDENBURGER TOR
* Glitzer-Bügelfolienrest
* Filzrest in Dunkelblau, ca. 10 cm x 10 cm
* 19 Glasstifte in Gold, 2,5 mm x 30 mm
* 8 Glastropfen in Gold, 4 mm lang

* 3 Pyramidennieten/Schmucknieten, 9 mm breit
* Anstecker-Rohling, 3 cm breit

HILFSMITTEL

* Schere
* Nähmaschine (nur für den Fisch)
* Bügeleisen
* Nähnadel und Nähgarn
* Alleskleber

VORLAGE

Anstecker*

1 Für den Fisch den Stoff auf das Bügelvlies aufbügeln. Das Trägerpapier am Bügelvlies lassen. Brandenburger Tor und Fernsehturm werden mit Bügelfolie gearbeitet, deshalb ist kein zusätzliches Aufbügeln nötig.

2 Das Motiv auf den Stoff bzw. die Glitzer-Bügelfolie übertragen und ausschneiden.

3 Das Motiv gemäß der Herstellerangaben für Bügelvlies/Bügelfolie auf den Filz aufbügeln. Beim Fisch danach die Außenkanten im Satinstich mit der Nähmaschine umranden (Stichabstand fast auf 0 setzen, Stichbreite etwa 2 mm).

4 Den Filz entsprechend der jeweiligen Motivform mit 2 mm Abstand zur Kante ausschneiden und die Perlen aufnähen. Dabei jede Perle einzeln durchschlingen und nicht aufgereiht arbeiten. Die Nieten durchdrücken und befestigen. Beim Fisch zusätzlich die Knöpfe mithilfe von Nadel und Faden übereinander anbringen und die Pailetten mit den Rocailles aufnähen.

5 Das Filzteil wenden. Ein bis zwei Anstecker-Rohlinge aufgeklappt in der oberen Motivhälfte auflegen und zum Fixieren einen kleinen Filzrest quer darüberkleben.

---

zu Seite 91:

Stoffdruck

einfach und wirkungsvoll

MATERIAL

* gewünschter Stempel
* Textilfarbe oder Textil-Stempelkissen

HILFSMITTEL

* Bügeleisen
* evtl. Farbwalze und glatte Unterlage zum Auswalzen der Farbe (z. B. Eiscremedeckel)
* evtl. Pappstück

1 Stempel eignen sich nicht nur, um Geschenkpapier, Grußkarten und ähnliche Papeterie zu bedrucken, sondern auch für Stoff. Den Stoff vorwaschen, um die Appretur zu entfernen. Nach dem Trocknen bügeln und auf einer glatten Fläche ausbreiten.

Hinweis: Bei doppelten Stofflagen (z. B. Jutebeutel, Kissen) Pappe einstecken, damit nichts auf die Rückseite durchdruckt.

2 Die Stempelfarbe auf den Stempel auftragen.
Mit Stempelkissen: Das Schwämmchen des Stempelkissens steht vor. Damit den Stempel betupfen (nicht den Stempel in die Stempelfarbe drücken!).
Mit Textilfarbe: Die Farbe auf der ebenen Fläche auswalzen. Nicht zu viel Farbe verwenden! Den Stempel in die Stempelfarbe drücken.

* siehe Download-Hinweise auf Seite 160

3 Nun den Stempel fest auf das Textil drücken, damit die Farbe gleichmäßig übertragen wird.

4 Die Farbe nach Herstellerangaben trocknen (am besten über Nacht) und mit dem Bügeleisen fixieren. Normalerweise ist der Stoff dann bei 40 °C waschbar.

zu Seite 94:

Lätzchen

selbst genäht und bedruckt

MATERIAL

* Baumwollstoff für die Vorderseite, 40 cm x 25 cm
* Baumwollstoff für die Rückseite, 40 cm x 25 cm
* Baumwollstoff für den Aufnäher, 15 cm x 6 cm
* Glitter-Liner oder Textilstift
* Druckknopf, ø 1,2 cm
* farblich passendes Nähgarn

HILFSMITTEL

* Schere
* Markierstift
* Nähmaschine
* Lineal
* Buchstabenschablone
* Bügeleisen

VORLAGE

Lätzchen*

1 Die Vorlage mit dem Markierstift auf den Stoff übertragen und die Motivteile zuschneiden.

2 Mit der Buchstabenschablone und dem Markierstift das Wort „Knirps“ auf den Stoffstreifen schreiben. Die Umrisse mit Textilfarbe nachzeichnen und gut trocknen lassen.

3 Danach das Stoffstück auf 4,5 cm x 13 cm zuschneiden und mithilfe eines engen Zickzackstiches mittig auf den Stoff für die Vorderseite nähen.

4 Die beiden Stoffteile für das Lätzchen rechts auf rechts aufeinanderlegen und rundherum feststeppen. Eine Wendeöffnung lassen.

5 Das Lätzchen wenden und glatt bügeln. Danach die Wendeöffnung nach innen legen und mit einem Geradstich einmal um das ganze Lätzchen nähen.

6 Den Druckknopf nach Herstellerangaben anbringen.

zu Seite 107:

Pepe, der Chihuahua

Knuschel zum Selbermachen

MATERIAL

* Cord in Hellbraun
* Filzreste in Weiß, Schwarz, Rosa und Hellgrau
* Vliesofix®
* Volumenvlies
* Füllwatte

HILFSMITTEL

* Schere
* Bleistift
* Lineal
* Stecknadeln
* Bügeleisen
* Nähmaschine

VORLAGE

Knuschel*

1 Die Schnittvorlage ausdrucken und die Einzelteile ausschneiden. Vliesofix® auf die Rückseite des weißen, rosafarbenen und schwarzen Filz-Stoffes bügeln. Die Schablonenteile für Augen, Nase, Mund, Schnauze und Ohreninneres auf die Filzseite übertragen und ausschneiden. Aus dem Cord Vorder- und Rückseite des Körpers sowie die Ohren ausschneiden.

2 Die Beine auf den hellgrauen Filz übertragen, ausschneiden und mit ein paar Millimeter Abstand zur Kante zusammennähen.

3 Die weißen Ohrinnenteile aus Filz auf die Vorderseite der Ohren aus Cord bügeln und rundum festnähen.

4 Anschließend für jedes Ohr Vorder- und Rückseite aus Cord links auf links aufeinanderlegen. Darauf noch eine Schicht passend zugeschnittenes Volumenvlies legen. Die drei Schichten zusammennähen und auf rechts wenden. Zum leichteren Umkrempeln ein Holzstäbchen verwenden. Die später nach innen gerichtete Seite jedes Ohres ein wenig nach innen klappen und fixieren.

* siehe Download-Hinweise auf Seite 160

5 Die Teile für das Gesicht auf die Vorderseite des Kopfes legen und festbügeln. Danach alle Filzteile mit der Hand oder der Nähmaschine aufnähen. Das Schnäuzchen aufmalen oder aufsticken. Die Fäden auf die Rückseite ziehen und verknoten.

TIPP

Pepe hat es gerne kuschelig warm. Für sein Tuch ein Jerseydreieck zuschneiden, dessen Oberkante 30 cm lang ist.

6 Nun alle Teile, wie abgebildet, auf der Vorderseite mit Nadeln feststecken. Die Ohreninnenseiten sind ein wenig nach innen gefaltet. Anschließend die Rückseite linksrum auf die Vorderseite legen und beide Teile zusammennähen. Ein kleines Stück unter dem Arm zum Umdrehen und Ausstopfen freilassen.

7 Für eine bessere Form auf jeder Seite am Hals ein kleines Stückchen bis zur Naht einschneiden. Die Figur wenden und mit Füllwatte ausstopfen. Die kleine Öffnung unter dem Arm mit einer Naht per Hand schließen.

zu Seite 110:

Tierstempel
von Hand geschnitzt

MATERIAL

* Gummiplatte für Stempel (weicher Vinylblock)
* Linolschnitt-Werkzeug: Geißfuß, Ziereisen oder Hohleisen, 2 mm breit
* Holzstück
* Stempelkissen
* UHU Hart Spezialkleber

HILFSMITTEL

* Cutter mit Schneidematte
* Kohlepapier und Stift

VORLAGE

Stempel*

TIPP!

Es gibt Stempelkissen mit Farben, die auf Holz, Glas und Textilien haften. Das eröffnet schier unendliche Möglichkeiten, Bär und Fuchs zu verewigen. Wie wäre es etwa mit einem handbedruckten Kopfkissen für schöne BÄRlinträume?

INTERESSANT!

Streunende Füchse gibt es in Berlin tatsächlich viele – aber sie verstecken sich tagsüber gut. Abends treiben sie sich zum Beispiel auf Baustellen rum und suchen nach Fressen.

1 Die Vorlage mit Kohlepapier und Stift auf die Gummiplatte übertragen.

2 Mit dem Linolschnitt-Werkzeugen die Linien gestalten und die Flächen, die nicht gedruckt werden sollen, entfernen.

3 Anschließend das Motiv mit einem Abstand von etwa 3 mm aus der Gummiplatte ausschneiden und auf ein Holzstück kleben. Nun kann losgestempelt werden. Mehr zum Stempeln erfährst du auf Seite 144/Stoffdruck ab Schritt 2.

zu Seite 113:

* siehe Download-Hinweise auf Seite 160

Steckenpferd
aus einer Socke gemacht

MATERIAL
* Socke
* 2 Knöpfe
* Filzrest
* Wollfäden
* Holzstab
* feste Schnur
* Füllwatte oder Schafwolle

HILFSMITTEL
* Schere
* Häkelnadel

1 Zuerst die Socke mit dem Füllmaterial schön gleichmäßig bis zur Ferse ausstopfen.

2 Die Wollfäden in 10–15 cm lange Stücke schneiden.

3 Die Fäden in der Sockenmitte vom Sockenbündchen bis kurz über die Ferse hinaus mithilfe der Häkelnadel durch jeweils eine Masche ziehen und verknoten.

4 Nun den Stab in die Socke hineinschieben und weiter ausstopfen. Dabei achtgeben, dass der Holzstab am oberen Ende gut gepolstert wird!

5 Danach am unteren Sockenende eine feste Schnur mehrfach um den Stab wickeln und verknoten, bis der Kopf fest sitzt.

6 Die richtigen Stellen für die Augen suchen und die Knöpfe annähen. Die Ohren aus Filz ausschneiden und annähen oder mit Textilkleber ankleben.

7 Zum Schluss aus der Kordel ein Zaumzeug knoten. Dieses einmal ums Maul und ein langes Stück um den Holzstab legen. Auf geht's zum ersten Ausritt!

zu Seite 114:

Bubikragen
leicht genäht

MATERIAL
* Baumwollstoff für die Vorderseite, 30 cm x 30 cm
* Baumwollstoff für die Rückseite, 30 cm x 30 cm
* Knopf mit Stoffüberzug, ø 1,5 cm
* Schrägband, 2 cm breit, 2 m lang
* farblich passendes Nähgarn

HILFSMITTEL
* Schere
* Markierstift
* Nähmaschine
* Stecknadeln

VORLAGE
Kragen*

1 Die Vorlage mithilfe eines Markierstiftes zweimal auf den Stoff für die Vorderseite übertragen. Für die Rückseite die Vorlage zweimal spiegelverkehrt auf den zweiten Baumwollstoff übertragen. Die Motive ausschneiden.

2 Jeweils ein Stoffteil für Rückseite und Vorderseite links auf links aufeinanderlegen.

3 Das Schrägband in der Mitte in zwei 1 m lange Stücke schneiden. Mithilfe von Stecknadeln jeweils ein Schrägband an einem der Stoffteile anbringen und mit der Nähmaschine im Geradstich feststeppen. Die offenen Enden der Schrägbänder nach innen klappen, um ein Ausfransen zu verhindern.

4 Abschließend die beiden Kragenteile vorn zusammensteppen und den Knopf annähen.

zu Seite 121:

Haarschleife
schnell genäht

MATERIAL
* Stoffrest
* Haarspangen-Rohling, ca. 6 cm breit
* farblich passendes Nähgarn

HILFSMITTEL
* Nähnadel
* ggf. Nähmaschine
* Schere
* Markierstift und Lineal
* Stecknadeln
* Bügeleisen
* ggf. Zwei-Komponenten-Kleber

VORLAGE
Schleife*

1 Die Vorlage mit Markierstift und Lineal auf die linke Seite des Stoffes übertragen.

2 Gemäß Vorlage die untere und die obere Kante zur Mitte des Stoffes falten. Sie sollten sich dabei überlappen. Die linke Seite des Stoffes ist außen. Kurz darüber bügeln, damit die Kanten schön flach liegen. Das Ganze mit einigen Stecknadel fixieren.

3 Mit der Nähmaschine oder einigen Handstichen links und rechts senkrecht entlang der Außenkanten nähen. Dann die Nahtzugabe bis fast an die Nahtlinie zurückschneiden.

4 An der Stelle, wo die Stofflagen überlappen, ist eine Öffnung. Durch diese das Rechteck wenden. Die Ecken mithilfe eines Stiftes ausformen.

5 Den kleinen Mittelstreifen entsprechend der Vorlage zuschneiden und mittig falten – aber hier bleibt die rechte Stoffseite außen.

6 Den Mittelstreifen entlang der eingezeichneten Nahtlinie zusammennähen, sodass ein schmaler Schlauch entsteht. Diesen flach drücken, dass die Naht mittig ist, und durch Bügeln fixieren.

7 Nun das große Rechteck an der lange Seite mittig wie eine Ziehharmonika zusammenraffen und diese Position mit einigen Handnähstichen fixieren.

8 Danach den kleinen Streifen um die fixierte Mitte legen und die Enden auf der Rückseite mit einigen Handstichen vernähen. Abschließend die Schleife mit ein paar Handnähstichen am Haarspangenrohling festnähen oder mit Zwei-Komponenten-Kleber aufkleben.

* siehe Download-Hinweise auf Seite 160

Tipp: Da der Stoffverbrauch gering ist, kann man zum Beispiel die verschlissene Lieblingsbluse recyceln und ihr ein zweites Leben als hübsches Accessoire schenken.

zu Seite 130 und 83:

Stoffblüten

aus Stoffresten genäht

MATERIAL

* Viskose, 15 cm x 140 cm (große, gelbe Blüte) oder 7 cm x 80 cm (grüne Blüte)
* 2 Broschennadeln, 3 cm lang
* Wollfilz in Hellgrau, ø 6 cm
* Nadel und Garn in Grau
* UHU Hart Spezialkleber
* Heißklebepistole

HILFSMITTEL

* Schere
* Stift
* kreisrundes Gefäß, ø 6 cm
* Feuerzeug

VORLAGE

Blüten*

Große Blüte

1 Das Viskosestück an der Längsseite nach innen falten. Wieder öffnen und die beiden Längsseiten zu der entstandenen Linie nach innen falten. Nun die beiden Seiten falten, sodass keine offene Stoffkante mehr übrig bleibt.

2 Das so entstandene lange Band ganz eng aufzurollen. Nach ein paar Runden das Band mit Heißkleber fixieren, um ein schönes Blüteninneres zu formen.

3 Den Bereich der Blüte etwas lockerer ausformen. Dazu das Band nehmen und im 45-Grad-Winkel nach hinten knicken, um das bereits bestehende Blüteninnere wickeln und mit Heißkleber fixieren. Danach das Band im 45-Grad-Winkel nach oben klappen und wieder fixieren. So abwechselnd verfahren, bis das Band aufgebraucht ist.

4 Abschließend aus Filz einen 6 cm großen Kreis ausschneiden, in der oberen Hälfte eine Broschennadel annähen und an die Rückseite der Blüte kleben.

Kleine Blüte

1 Aus der Viskose 13 Kreise á 6 cm Durchmesser ausschneiden. Damit der Stoff nicht ausfranst, die Ränder mithilfe eines Feuerzeugs vorsichtig kurz erwärmen.

2 Nun jeden Kreis in der Mitte falten und danach den Halbkreis abermals in der Mitte falten.

3 Mit Nadel und Garn die Kreise an den Spitzen nacheinander auffädeln.

4 Abschließend aus Filz einen 6 cm großen Kreis ausschneiden, in der oberen Hälfte eine Broschennadel annähen und an die Rückseite der Blüte kleben.

Register

SCHNELL ZUM ZIEL!

Alle Locations und Kreativköpfe zum schnellen Nachschlagen gibt es hier.

Notizen

Berliner Mundart

Der Berliner Dialekt klingt etwas derb, aber meist meinen es die Berliner auf ihre Art ganz nett. Mit Herz und Schnauze eben. Ein paar typische Begrifflichkeiten, die man oft hört, wollen wir euch nicht vorenthalten.

Alles paletti – alles in Ordnung

Atze – Bruder oder Freund

Bagasche, auch Mischpoke – bucklige Verwandtschaft, unangenehme Gesellschaft

Bengel – frecher Junge

Broiler – Brathähnchen

Bulette – Fleischklops, Frikadelle

Deez, auch Omme – Kopf

Demse – stickige Luft

dufte – gut

een zwitschern, een zischn – einen trinken gehen

etepetete – eingebildet

falscher Fuffzijer – verlogener Mensch

feiner Pinkel, auch Fatzke, Lackaffe – arroganter Mensch

flott – attraktiv, hübsch

Funzel – schwache Lampe

glotzn – erstaunt gucken, anstarren

Jelackmeiater – jemand, der hereingelegt wurde

Jewese – Gewese/Getue; um etwas Aufsehen machen

Jöre – Göre, freches Mädchen

juckt nicht – ist egal

j.w.d. – jottwede/janz weit draußen/Randbezirke und Berliner Umland

Kaschemme – abfällig für schlechtes Lokal

kleener Knopp – Kleinkind

knorke – großartig

Kröten, Knöppe – Geld

mittenmang – mittendrin, reingemischt

Muffnsausn – Angst haben

Mumpitz – Unsinn

Nakedei – nackter Mensch

Rabatz machen – Unruhe stiften

rammdösich – ein bisschen dumm

Schrippe – Brötchen

Schusterjunge – dunkles Brötchen

spack – sehr dünn

Stulle – Scheibe Brot

Töhle – abfällig für Hund

Trulla – abfällig für schrullige, unsympathische Frau

zappndusta – dunkel

Autoren

„Du bist verrückt mein Kind, du musst nach Berlin!" – Kleiner Verrücktheiten bezichtigt wurden die Autorinnen schon manches Mal und so folgten sie irgendwann der Aufforderung, dass man in diesem Fall wohl unbedingt nach Berlin müsse. Inzwischen leben die beiden schon einige Jahre hier und jeweils in Stadtteilen, die unterschiedlicher nicht sein könnten.

Franziska (Mediengestalterin, Dipl. Kommunikationspsychologin und Dozentin) wohnt mit Katz, Freund und Sohn Julius in Friedrichshain.

Bianka (Mediengestalterin M.A., Fotografin und Handmade-Designerin) wohnt mit Hund, Freund und Sohn Linus in Neukölln.

Nach einigen Jahren haben sie sich an das quirlige Durcheinander Berlins gewöhnt und es lieben gelernt. Sie haben schöne und weniger schöne Ecken Berlins erkundet und wollen die besten Entdeckungen nun mit allen teilen. Wer den Citytouren folgt, sollte die Augen offen halten, denn vielleicht trifft man zufällig eine der beiden mutmaßlich „Verrückten" beim Materialshoppen oder dem alltäglichen Gang zum Bäcker.

Wer mehr über die Autorinnen erfahren möchte, kann auf www.zwei-eck.com oder www.facebook.com/Zweieck stöbern.

Impressum

KREATIVTOUREN: Franziska Heidenreich, Bianka Langnickel

D.I.Y.-MODELLE: Franziska Heidenreich (S. 18/136, 22/136, 49/140, 81 und Titelseite/143, 110/148, 121/150), Bianka Langnickel (S. 44/139, 63/141, 65/142, 83/151, 94/145, 114/149, 130/151), Julia Bräunig (S. 31/137), Thade Precht (S. 43/138), Nina Blundell, Martina Janker (S. 71/142), Andrea Hildk (S. 91/144), Janine Sommer (S. 107/146), Stefanie Ostwald (S. 113/148)

FOTOS: frechverlag GmbH, 70499 Stuttgart; Arte Luise Kunsthotel GmbH (S. 9), Mateo Dineen, Johan Potma/Zozoville (S. 21 o.r., 45 u.), Aufschnitt Berlin (S. 21 u.), Wahrhaft Nahrhaft (S. 26 u.), Julia Bräunig (S. 30/31, 69, 137) Thade Precht (S. 42), lichtpunkt, Michael Ruder (S. 43, 138), Marie Geißler (52/53), Bonbonmacherei Kolbe und Stecher (S. 58), Monia Herbst (S. 59 o.), Funi (S. 70/71, 142 r.), Jan Brockhaus/Hüttenpalast (S. 79), Captn Crop (S. 88), BerlinBurger International (S. 89), Andrea Hild/Nuukk (S. 90/91, 144 r.), Julian Nelken/Klunkerkranich (S. 92 o.), Rundstück Warm (S. 93 r.u.), Anja Pilzner, Janine Sommer/Lieblingsplatz (S. 106/107, 146/147), Stefanie Ostwald (S. 112/113, 148 r., 149 l.), Kochhaus GmbH (S. 115 o.M.), Sebastian Heise/Kochhaus GmbH (S. 122 u.l.), Swing & Sew (S. 120 u.l.), Smilla (S. 122 u.r.), Sabine Bornemann/Die Wollnerin (S. 129 o.l.), Franz Brück/Bikini Berlin (S. 131 o.), DaWanda GmbH (S. 131 u., 132/133), Franziska Heidenreich/Bianka Langnickel (alle anderen)

ILLUSTRATIONEN: Atelier Schwab, Haselund (Arbeitsschritte S. 139), Julia Bräunig (Hintergrundbild Titelseite), Marie Geißler, Berlin (Stadtpläne S. 12/13, 34/35, 56/57, 74-77, 98–100, 118/119)

PRODUKTMANAGEMENT: Monique Rahner, Svenja Stegmeyer

REDAKTION: Monique Rahner

LEKTORAT: Uta Koßmagk, Wiesbaden; Svenja Stegmeyer

GESTALTUNG TITELSEITE: Katrin Krengel

LAYOUTKONZEPT UND GESTALTUNG: Heike Köhl

DRUCK UND BINDUNG: Finidr s.r.o., Tschechische Republik

1. Auflage 2015

ISBN 978-3-7724-5185-0 Best.-Nr. 5185

www.topp-kreativ.de

HINWEIS: Die Vorlagen zu diesem Buch stehen im TOPP Download-Center unter www.topp-kreativ.de/downloadcenter nach erfolgter Registrierung zum Ausdrucken bereit. Der Freischalt-Code lautet: 11604

Franziska Heidenreich
Bianka Langnickel

KreativReise BERLIN

Mini-Guide

Touren & Adressen für

Friedrichshain · Kreuzberg · Mitte · Neukölln
Prenzlauer Berg · Schöneberg

KreativTour Friedrichshain

Unsere Friedrichshain-Tour führt vom S-Bahnhof Ostkreuz zum Boxhagener Platz. Wir erkunden den beliebten Boxi und die Straßenzüge drumherum, bevor wir zur Eventlocation RAW-Gelände und schließlich zu einem noch erhaltenen Streifen der Berliner Mauer gelangen, der berühmten East Side Gallery.

1 Perlerei
2 Tres Cabezas y Amigos
3 Herr Nilsson Godis
4 Agüevo!
5 Gingersboat
6 Nähcafé Kinkibox
7 Eispiraten
8 Café Pavillon
9 Trödelmarkt am Boxhagener Platz
10 Weder gestern noch morgen
11 Zozoville Gallery
12 Aufschnitt Berlin
13 Kino Intimes
14 Heimat
15 Hausfreund
16 Schoene Schreibwaren
17 Elfida
18 Buchbox!
19 Lisboa Bar

20 Al-Gazali
21 Burgeramt
22 Frieda Hain
23 Dollyrocker
24 Siebenschön
25 Schwesterherz
26 Strawbetty
27 Wollen
28 Stadtengel
29 Wertstück Flickli
30 YackFou
31 Big Brobot
32 K.W.D.
33 Wahrhaft Nahrhaft
34 RAW-Gelände
35 Creative Lab Urban Spree
36 Monster Ronson's Ichiban Karaoke
37 East Side Gallery
Handmade/D.I.Y.
Shopping
Essen/Trinken
Unterhaltung
ca. 150 m
SAMARITERSTR.
U
FRANKFURTER ALLEE
NIEDERBARNIMSTR.
MAINZER STR.
BOXHAGENER STR.
GRÜNBERGER STR.
G.-MAX-STR.
BOXI
KROSSENER STR.
BOXHAGENER STR.
WÜHLISCHSTR.
DIRSCHAUER STR.
SEUMESTR.
GÄRTNERSTR.
SIMPLONSTR.
GRYPHIUSSTR.
REVALER STR.
LENBACHSTR.
SONNTAGSTR.
START
OSTKREUZ
S
Tourlänge: ca. 6,8 km
Reine Gehzeit: ca. 2 Stunden

Handmade/D.I.Y.

PERLEREI

Lenbachstr. 7 · S Ostkreuz · www.perlerei.de · 030 97882028 · Di-Fr 14–20 Uhr, Sa 12–18 Uhr

KINKIBOX

Seumestr. 21 · M13 Wühlisch-/Gärtnerstraße · www.kinkibox.de · 030 74782802 · Di-Fr 13–20 Uhr, Sa 13–18 Uhr und nach Vereinbarung

ZOZOVILLE GALLERY

Mainzer Str. 12 · U5 Samariterstr. · www.zozoville.com · Mo-Sa 12–18 Uhr

AUFSCHNITT BERLIN

Boxhagener Str. 32 · U5 Samariterstr. · www.aufschnitt.net · Mo-Fr 12–20 Uhr, Sa 14–18 Uhr

HEIMAT

Niederbarnimstr. 17 · U5 Frankfurter Tor · www.mein-heimat-laden.de und www.froschhimmel.de · 030 746 99914 · Mo-Fr 11–20 Uhr, Sa 11–18 Uhr

SCHOENE SCHREIBWAREN

Niederbarnimstr. 6 · U5 Frankfurter Tor · www.schoeneschreibwaren.com · 0176 62893430 · Mo-Fr 10–19 Uhr, Sa 10–18 Uhr

FRIEDA HAIN

Gärtnerstr. 10 · M13 Wühlisch-/Gärtnerstr. · www.friedahain.de · 030 41761475 · Mo-Fr 11–19 Uhr, Sa 11–18 Uhr

WOLLEN

Gärtnerstr. 32 · M13 Wühlisch-/Gärtnerstr. · www.wollen-berlin.de · 030 29351995 · Di-Fr 11–19 Uhr, Sa 11–16 Uhr (Juni/August) Di-Fr 13–19 Uhr, Sa 11–16 Uhr)

WERTSTÜCK FLICKLI

Wühlischstr. 28 · M13 Wühlisch-/Gärtnerstr. · www.flickli.de · 030 12022223 · Mo-Fr 12–19 Uhr, Sa 11–18 Uhr

YACKFOU

Gabriel-Max-Str. 21 · M13 Wühlisch-/Gärtnerstr. · www.yackfou.com · 030 84114534 · Mo-Fr 12–20 Uhr, Sa 11–19 Uhr

K.W.D.
Libauer Str. 1 · M13 Libauer Str. · 030 61073577 · www.kawedesign.de

EAST SIDE GALLERY
Mühlenstr. · www.eastsidegallery-berlin.de · U1/S Warschauer Straße oder S Ostbahnhof

Shopping

HERR NILSSON GODIS
Wühlischstr. 58 · M13 Boxhagener Str. · www.herrnilsson.com · 030 54594585 · Mo/Di 11–19 Uhr, Mi-Fr 11–20 Uhr, Sa 12–18 Uhr, So 13–18 Uhr

GINGERSBOAT
Wühlischstr. 15 · Tram M13, Wühlisch-/Gärtnerstraße · www.gingersboat.de · 030 88531731 · Mo-Fr 11–19 Uhr, Sa 11–18 Uhr

HAUSFREUND
Niederbarnimstr. 5 · U5 Frankfurter Tor · 030 32660040 · Mo-Fr 11–19 Uhr, Sa 11–18 Uhr

BUCHBOX!
Grünberger Str. 68 · U5 Samariter Str. · www.buchboxberlin.de · 030 20078243 · Mo-Sa 9.30–20.30 Uhr

DOLLYROCKER
Gärtnerstr. 25 · M13 Wühlisch-/Gärtnerstr. · 030 54719606 · Mo-Fr 10–19 Uhr, Sa 11–16 Uhr

SIEBENSCHÖN
Gärtnerstr. 26 · M13 Wühlisch-/Gärtnerstr. · www.siebenschoen.de · 030 74078833 · Mo-Sa 10–19 Uhr

SCHWESTERHERZ
Gärtnerstr. 28 · M13 Wühlischstr./Gärtnerstr. · www.schwesterherz-berlin.de · 030 77901183 · Mo-Fr 11–20 Uhr, Sa 10.30–19 Uhr

STRAWBETTY
Gärtnerstr. 32 · M13 Wühlischstr./Gärtnerstr. · www.strawbetty.com · 030 899 93663 · Mo-Fr 12–19 Uhr, Sa 12 –18 Uhr

STADTENGEL
Wühlischstr. 24 · M13 Wühlisch-/Gärtnerstr. · www.stadt-engel.com · 030 67302620 · Mo-Fr 11–20 Uhr, Sa 11–19 Uhr

BIG BROBOT
Kopernikusstr. 19 · M13 Libauer Str. · www.bigbrobot.com · 030 74078388 · Mo-Fr 11–20 Uhr, Sa 11–18 Uhr

Friedrichshain

Essen & Trinken

TRES CABEZAS Y AMIGOS · Boxhagener Str. 74 · M13 Boxhagener Straße · www.tresca bezas.de · 030 29047470 · Mo-Fr 8–20 Uhr, Sa/So 9–20 Uhr

AGÜEVO!
Wühlischstr. 12 · M13 Wühlisch-/Gärtnerstraße · www.aguevo.de · 030 3385 3395 · Mo-Do 12–23 Uhr, Fr-Sa 12– open end, So 12–23 Uhr

EISPIRATEN
Grünbergerstr. 85 · U5 Samariterstr. · www.eispiraten-berlin.de · Mo-Fr ab 14 Uhr, Sa/So ab 12 Uhr

CAFÉ PAVILLON
Grünberger Str. 82 (am Boxhagener Platz) · U5 Samariterstr. · 030 21239710 · www.karunaber lin.de und www.sophisticated-people.de · Mo-Fr 10–18 Uhr, Sa/So 10–16 Uhr

WEDER GESTERN NOCH MORGEN
Gärtnerstr. 22 · U5 Samariterstr. · 030 89569618 · Mo und Mi-So 8–19 Uhr

ELFIDA
Gabriel-Max-Str. 15 · U5 Samariter Str. · www. elfida-restaurant.de · 030 95595280 · Küche ab 9 Uhr, Bar ab 18 Uhr

LISBOA BAR
Krossener Str. 20 · M13 Wühlisch-/Gärtnerstr. · www.lisboa-bar-berlin.de · 030 93621978 · Mo ab 17 Uhr, Di-Fr ab 15 Uhr, Sa/So ab 11 Uhr

AL-GAZALI
Krossener Str. 21 · M13 Wühlisch-/Gärtnerstr. · Mo-So 9–1 Uhr

BURGERAMT
Krossener Str. 21-22 · M13 Wühlisch-/Gärtnerstr. · www.burgeramt.com · 030 667 63453 · So-Do 11–1 Uhr, Fr/Sa 11.30–4 Uhr

WAHRHAFT NAHRHAFT
Revaler Str. 16 · U/S Warschauer Str. · www.wahrhaftnahrhaft.de · 0176 81844474· Mo-Fr 9–19 Uhr, Sa/So 10–19 Uhr

Unterhaltung

KINO INTIMES

Niederbarnimstr. 15 · U5 Frankfurter Tor · 030 29664633

RAW-GELÄNDE

Eingang z. B. über Revaler Str. 99 · U1/S Warschauer Str.

MONSTER RONSON'S ICHIBAN KARAOKE

Warschauer Str. 34 · U1/S Warschauer Str. · 030 89751327 · www.karaokemonster.de · täglich ab 19 Uhr

KreativTour Kreuzberg

Unsere Kreuzberg-Tour führt durch das sogenannte SO36 im Nordosten des Bezirks. Vom Lausitzer Platz gelangen wir auf inspirationsreichen Wegen in die quirlige Oranienstraße und schließlich zum belebten Moritzplatz.

1 Café V
2 Sönneken
3 Eissalon Tanne B
4 Rosenrot
5 1000Stoff
6 Rock'n' Roll Herberge
7 Markthalle Neun
8 Pony Hütchen
9 Malerladen Amindobé
10 Supermarché
11 Bravo Bravko Kuchenwerkstatt
12 Onkel Zozo
13 Chocolateria Sünde
14 Schokowerkstatt
15 Hamam
16 Modern Graphics
17 Wollparadies Fadeninsel
18 Museum der Dinge
19 Fritz Schmuckwerkstatt
20 Würgeengel
21 Gorgonzola Club
22 betahaus
23 S.W.W.S.W.
24 Planet Modulor
25 botspot
26 Shortcut
27 Extratapete
28 Prinzessinnengarten

- Handmade/D.I.Y.
- Shopping
- Essen/Trinken
- Unterhaltung

ca. 150 m

Tourlänge: ca. 4 km

Reine Gehzeit: ca. 1,5 Stunden

Kreuzberg

Handmade/D.I.Y.

1000STOFF
Muskauer Str. 49 · U1 Görlitzer Bahnhof · www.1000stoff.de · 030 63960253 · Mo-Fr 11–18.30 Uhr, Sa 11–16 Uhr

SUPERMARCHÉ
Wiener Str. 16 · U1 Görlitzer Bahnhof · www.supermarche-berlin.de · 030 20950461 · Mo-Fr 11–19 Uhr, Sa 11–18 Uhr

MALERLADEN AMINDOBÉ
Pücklerstr. 30 · U1 Görlitzer Bahnhof · www.malerladen-berlin.de · 030 6113417 · Mo-Fr 9–19 Uhr, Sa 10–15 Uhr

ONKEL ZOZO GALLERY
Oranienstr. 195 · U8 Kottbusser Tor/U1 Görlitzer Bahnhof · www.zozoville.com · 030 54597982 · Mo-Fr 12–18 Uhr, Sa 12–19 Uhr

SCHOKOWERKSTATT
Mariannenstr. 6 (Hinterhof) · U1/U8 Kottbusser Tor/U1 Görlitzer Bahnhof · www.schokowerkstatt.de · 030 6152440 · offene Möbelbaukurse Mo 9–13 oder 13–17 Uhr, Do 16–19 Uhr

WOLLPARADIES FADENINSEL
Oranienstr. 23 · U1/U8 Kottbusser Tor/U1 Görlitzer Bahnhof · www.fadeninsel.de · 030 6156994 · Mo-Fr 10–18 Uhr, Sa 10–16 Uhr

FRITZ SCHMUCKWERKSTATT
Dresdener Str. 20 · U1/U8 Kottbusser Tor/U8 Moritzplatz · www.coopgold.de · 030 6151700 · Mo-Fr 10–19 Uhr, Sa 11–15 Uhr

PLANET MODULOR
Prinzenstr. 85 · U8 Moritzplatz · www.modulor.de · 030 690360 · Mo-Fr 9–20 Uhr, Sa 10–18 Uhr

BOTSPOT
im Planet Modulor · www.botspot.de · 030 91507622 · Mo-Fr 10–18 Uhr, Sa nach Vereinbarung

SHORTCUT
im Planet Modulor · www.short-cut.de · 030 6110360 · Mo-Fr 13–19 Uhr

EXTRATAPETE
im Planet Modulor · www.extratapete.de · 030 2615729 · Mo-Fr 9–19 Uhr, Sa 10–18 Uhr

PRINZESSINNENGARTEN
· Prinzenstr. 35–38/Prinzessinenstr. 15 · U8 Moritzplatz · www.prinzessinnengarten.net · Gartencafé ab 12 Uhr

Shopping

SÖNNEKEN
Lausitzer Platz 13 · U1 Görlitzer Bahnhof · www.soenneken.de · 030 69564190 · Mo-Do 10–18 Uhr, Fr 11–18 Uhr, Sa 11–15 Uhr

ROSENROT
Eisenbahnstr. 48 · U1 Görlitzer Bahnhof · www.rosenrot-in-kreuzberg.blogspot.de · 030 69518349 · Mo-Fr 10.30–18.30 Uhr, Sa 10.30–14.30 Uhr

MARKTHALLE NEUN
Eisenbahnstr. 42/43 · U1 Görlitzer Bahnhof · www.markthalle neun.de · 030 61073473 · Kantine/Café Mo-Sa 12–16 Uhr, Wochenmarkt Di/Fr 12–20 Uhr, Sa 10–18 Uhr, Street-Food Do 17–22 Uhr

PONY HÜTCHEN
Pücklerstr. 33 · U1 Görlitzer Bahnhof · www.pretty-stuff.de · 030 69818679 · Mo-Do 15–20 Uhr, Fr/Sa 13–20 Uhr

MODERN GRAPHICS
Oranienstr. 22 · U1/U8 Kottbusser Tor/U1 Görlitzer Bahnhof · www.modern-graphics.de · 030 6158810 · Mo-Fr 11–20 Uhr, Sa 10–20 Uhr

S.W.W.S.W.
Oranienstr. 58 a · U8 Moritzplatz · www.schoener-waers.de · 030 43201488 · Mo-Fr 12–19 Uhr, Sa 12–16 Uhr

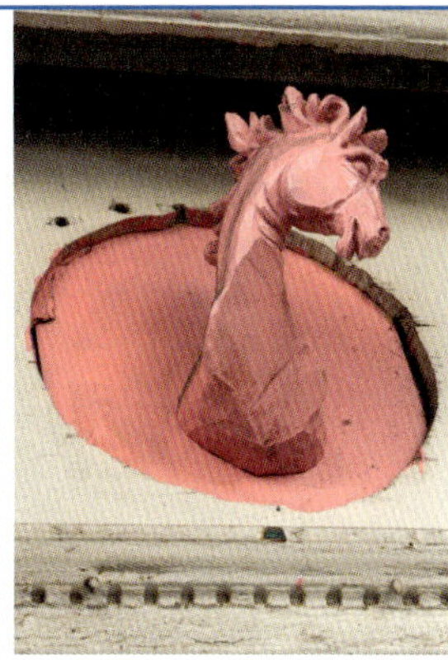

Kreuzberg

Essen & Trinken

CAFÉ V
Lausitzer Platz 12 · U1 Görlitzer Bahnhof · 030 6124505 · tägl. ab 10 Uhr

EISSALON TANNE B
Eisenbahnstr. 48 · www.tanneb.de · 030 69567811 · tägl. 9–22 Uhr

ROCK 'N' ROLL HERBERGE
Muskauer Str. 11 · U1 Görlitzer Bahnhof · www.rnrherberge.de · 030 61623600 · Bar tägl. ab 10 Uhr, Frühstück 10–14 Uhr (außer in Wintermonaten)

BRAVO BRAVKO KUCHENWERKSTATT
Lausitzer Str. 47 · U1 Görlitzer Bahnhof · www.bravo-bravko.de · 030 81802508 · tägl. 9–19 Uhr

CHOCOLATERIA SÜNDE
Oranienstr. 194 · U1/8 Kottbusser Tor/U1 Görlitzer Bahnhof · www.chocolateria-suende.de · 030 95611870 · Mo-Sa 9–19 Uhr, Sa 11–18 Uhr, So 12–18 Uhr

WÜRGEENGEL
Dresdener Str. 122 · U1/U8 Kottbusser Tor · www.wuergeengel.de · 030 615 55 60 · tägl. ab 19 Uhr

GORGONZOLA CLUB
Dresdener Str. 121 · U1/U8 Kottbusser Tor · www.gorgonzolaclub.de · 030 6156473 · tägl. ab 18 Uhr

Unterhaltung

HAMAM

Mariannenstr. 6 (Hinterhof) · U1/U8 Kottbusser Tor · www.hamamberlin.de · 030 6151464 · Mo 15–23 Uhr, Di-So 12–23 Uhr

MUSEUM DER DINGE

Oranienstr. 25 · U1/U8 Kottbusser Tor/U1 Görlitzer Bahnhof · www.museumderdinge.de · 030 921063 · Do-Mo 12–19 Uhr

BETAHAUS

Prinzessinnenstr. 19–20 · U8 Moritzplatz · www.betahaus.com · 030 60980927 · (Café) Mo-Fr 8–20 Uhr, Sa 10–20 Uhr

KreativTour Mitte
ZIEL
33
32
VETERANENSTRASSE
NORDBAHNHOF
S
INVALIDENSTRASSE
BRUNNENSTRASSE
29
ROSENTHALER PLATZ
U
WEINB
27
26
GARTENSTR.
TORSTRASSE
LINIENSTRASSE
7
6
LINIENSTRASSE
KOPPENPLATZ
AUGUSTSTR.
GIPSSTRASSE
9
8
TUCHOLSKYSTR.
5
AUGUSTSTR.
SOPHIENSTR.
4
3
2
ORANIENBURGER TOR
U
S
ORANIENBURGER STRASSE
GROSSE HAMBURGER STR.
START
1
ORANIENBURGER STR.
16
17
18
11
12
13
14
MONBIJOUPLATZ
10
FRIEDRICHSTR.
TUCHOLSKYSTR.

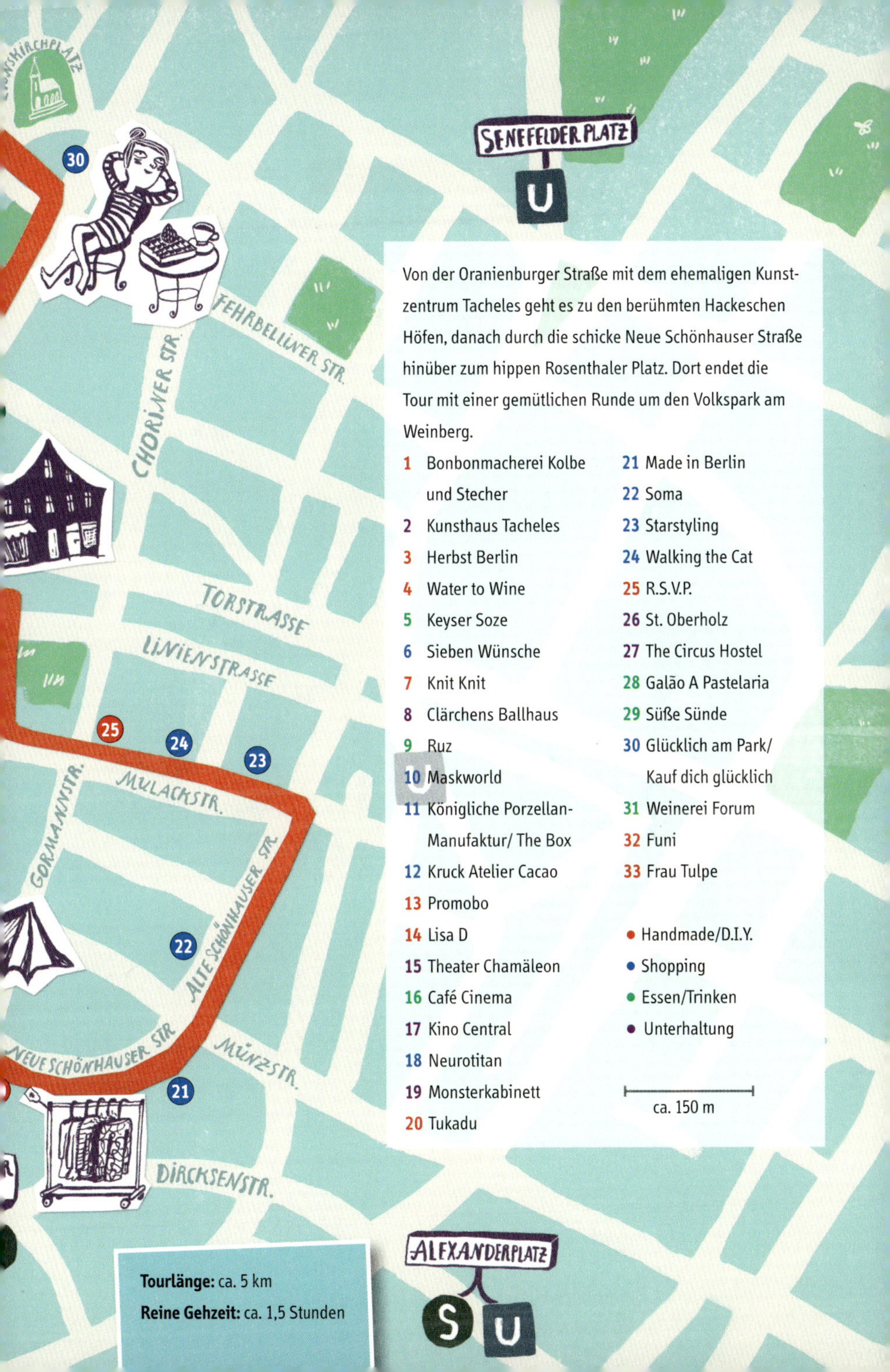

Von der Oranienburger Straße mit dem ehemaligen Kunstzentrum Tacheles geht es zu den berühmten Hackeschen Höfen, danach durch die schicke Neue Schönhauser Straße hinüber zum hippen Rosenthaler Platz. Dort endet die Tour mit einer gemütlichen Runde um den Volkspark am Weinberg.

1 Bonbonmacherei Kolbe und Stecher
2 Kunsthaus Tacheles
3 Herbst Berlin
4 Water to Wine
5 Keyser Soze
6 Sieben Wünsche
7 Knit Knit
8 Clärchens Ballhaus
9 Ruz
10 Maskworld
11 Königliche Porzellan-Manufaktur/ The Box
12 Kruck Atelier Cacao
13 Promobo
14 Lisa D
15 Theater Chamäleon
16 Café Cinema
17 Kino Central
18 Neurotitan
19 Monsterkabinett
20 Tukadu
21 Made in Berlin
22 Soma
23 Starstyling
24 Walking the Cat
25 R.S.V.P.
26 St. Oberholz
27 The Circus Hostel
28 Galão A Pastelaria
29 Süße Sünde
30 Glücklich am Park/ Kauf dich glücklich
31 Weinerei Forum
32 Funi
33 Frau Tulpe

- Handmade/D.I.Y.
- Shopping
- Essen/Trinken
- Unterhaltung

ca. 150 m

Tourlänge: ca. 5 km

Reine Gehzeit: ca. 1,5 Stunden

Handmade/D.I.Y.

BONBONMACHEREI KOLBE UND STECHER

Oranienburger Str. 32 (Heckmann-Höfe) · S Oranienburger Str. · www.bonbonmacherei.de · 030 44055243 · Mi-Sa 12–20 Uhr (Juli/Aug. Sommerpause)

HERBST BERLIN

Auguststr. 86 · S Oranienburger Str. · www.moniaherbst.de · 030 53794623 · Mi-Fr 14–19 Uhr, Sa 12–16 Uhr

WATER TO WINE

Auguststr. 82 · S Oranienburger Str. · www.watertowine-upcycling.de · 0151 56798627 · Di-Fr 11–19 Uhr, Sa 12–19 Uhr

KNIT KNIT

Linienstr. 154 · S Oranienburger Str. · www.knitknit.de · 030 98366430 · Di-Fr 12–19 Uhr, Sa 11–16 Uhr

PROMOBO

Hackesche Höfe/Hof III und IV · Rosenthaler Str. 40–41 · S Hackescher Markt/U8 Weinmeisterstr. · www.promobo.de · 030 30347 671 · Mo-Fr 10–20 Uhr, Sa 10–22 Uhr

LISA D

Hackesche Höfe/Hof V · Rosenthaler Str. 40–41 · S Hackescher Markt/U8 Weinmeisterstr. · www.lisad.com · 030 2834354 · Mo-Sa 11–19.30 Uhr

TUKADU

Rosenthaler Str. 46/47 · S Hackescher Markt/U8 Weinmeisterstr. · www.tukadu.com · 0302836770 · Mo-Sa 11–20 Uhr

R.S.V.P.

Mulackstr. 14 · U8 Weinmeisterstr./U8 Rosenthaler Platz oder U2 Rosa-Luxemburg-Platz · www.rsvp-berlin.de · 030 28094644 · Mo-Do 11–19 Uhr, Fr/Sa 11–20 Uhr

FUNI

Veteranenstr. 17 · U8 Rosenthaler Platz · www.funi-berlin.de · 030 49801258 · Mo 13–20 Uhr, Di-Sa 10–20 Uhr

FRAU TULPE

Veteranenstr. 19 · U8 Rosenthaler Platz · www.frautulpe.de · 030 44327865 · Mo–Fr 10–20 Uhr, Sa 11–18 Uhr

Shopping

SIEBEN WÜNSCHE

Tucholskystr. 45 · S Oranienburger Str. · www.sieben-wuensche.de · 030 48638111 · Mo-Fr 10–20 Uhr, Sa 11–20 Uhr

MASKWORLD

Oranienburger Str. 86a · S Hackescher Markt/U8 Weinmeisterstr. · www.maskworld.com · 030 6528266 · Mo-Sa 10–22 Uhr

KRUCK ATELIER CACAO

Hackesche Höfe/Hof VIII · Rosenthaler Str. 40–41 · S Hackescher Markt/U8 Weinmeisterstr. · www.kruck-atelier-cacao.de · 030 25292326 · März-Nov. tägl. 10–21 Uhr/ Okt.-Feb. tägl. 11–19 Uhr

KÖNIGLICHE PORZELLAN-MANUFAKTUR/The Box

Hackesche Höfe/Hof III · Rosenthaler Str. 40–41 · S Hackescher Markt/U8 Weinmeisterstr. · www.kpm-berlin.de · 030 24048701 · Mo-Sa 11–19 Uhr

NEUROTITAN

Hof Haus Schwarzenberg/2. Hinterhof · Rosenthaler Str. 39 · S Hackescher Markt/U8 Weinmeisterstr. · www.neurotitan.de · 030 30872576 · Mo-Sa 12–20 Uhr

MADE IN BERLIN

Neue Schönhauser Str. 19 · S Hackescher Markt/U8 Weinmeisterstr. · www.kleidermarkt.de · 030 21230601 · Mo-Sa 12–20 Uhr

SOMA

Alte Schönhauser Str. 27 · U8 Weinmeisterstr. · www.soma-berlin.de · 030 28193 80 · Mo-Sa 12–20 Uhr

STARSTYLING

Mulackstr. 4 · U8 Weinmeisterstr./U8 Rosenthaler Platz oder U2 Rosa-Luxemburg-Platz · www.starstyling.net · 030 97005182 · Mo-Sa 12–19 Uhr

WALKING THE CAT

Mulackstr. 7 · U8 Weinmeisterstr./U8 Rosenthaler Platz oder U2 Rosa-Luxemburg-Platz · www.walkingthecat.de · 030 20658458 · Mo-Fr 10–16 Uhr

GLÜCKLICH AM PARK

Kastanienallee 54 · U8 Rosenthaler Platz · www.kaufdich gluecklich.de · 030 41725651 · tägl. 10–23 Uhr

Essen & Trinken

KEYSER SOZE

Tucholskystr. 33/Ecke Auguststr. · S Oranienburger Str./ U Oranienburger Tor · www. keyser-soze.de · 030 28599489 · tägl. 7.30–23 Uhr

RUZ

Auguststr. 63 · S Oranienburger Str./U8 Weinmeisterstr. · www.restaurant-ruz.de · 030 28097788 · tägl. ab 9.30 Uhr

CAFÉ CINEMA

Hof Haus Schwarzenberg · Rosenthaler Str. 39 · S Hackescher Markt/U8 Weinmeisterstr. · 030 2806415 · täglich 12–4 Uhr

GALÃO A PASTELARIA

Weinbergsweg 8 · U8 Rosenthaler Platz · www.galao-berlin. de · 030 44046882 · Mo-Fr 7.30–20 Uhr, Sa 8–20 Uhr, So 9–19 Uhr

SÜSSE SÜNDE

Weinbergsweg 21 · U8 Rosenthaler Platz · tägl. ab 11.30 Uhr

WEINEREI FORUM

Fehrbelliner Str. 57 · U8 Rosenthaler Platz · www.weinerei.com · 030 4406983 · tägl. 10–24 Uhr

Unterhaltung

KUNSTHAUS TACHELES (ehemalig) · Oranienburger Str. 54–56 · S Oranienburger Str.

CLÄRCHENS BALLHAUS
Auguststr. 24 · S Oranienburger Str./U8 Weinmeisterstr. · www.ballhaus.de · 030 2829295 · tägl. ab 11 Uhr

THEATER CHAMÄLEON
Hackesche Höfe/Hof I · Rosenthaler Str. 40–41 · S Hackescher Markt/U8 Weinmeisterstr. · www.chamaeleonberlin.com · 030 4000590

KINO CENTRAL
Hof Haus Schwarzenberg · Rosenthaler Str. 39 · S Hackescher Markt/U8 Weinmeisterstr. · www.kino-central.de · 030 28599973

MONSTERKABINETT
Hof Haus Schwarzenberg/ 2. Hinterhof/Keller · Rosenthaler Str. 39 · S Hackescher Markt/U8 Weinmeisterstr. · www.monsterkabinett.de · Do 18–22 Uhr, Fr/Sa 16–22 Uhr (letzte Show 21.30 Uhr, ab 6 Jahren, max. 8 Pers.)

ST. OBERHOLZ
Rosenthaler Str. 72a · U8 Rosenthaler Platz · www.sanktoberholz.de · Mo-Do 8–24 Uhr, Fr/Sa 8–3 Uhr, So 9–24 Uhr

THE CIRCUS HOSTEL
Weinbergsweg 1a · U8 Rosenthaler Platz · www.circus-berlin.de · 030 20003939

KreativTour Neukölln

Wir starten in „Kreuzkölln“, dem nördlichen Teil Neuköllns, der an Kreuzberg grenzt und derzeitiges In-Viertel Berlins ist. Rings um Reuter-, Weser- und Hobrechtstraße trifft sich die Kunst- und Subkultur und zusammen mit rauem Neuköllner Charme und aufregendem Nachtleben entsteht ein anziehendes Gemisch.

1 Hüttenpalast
2 Buchkönigin
3 The Home Project
4 La Femme
5 Çarik Kuruyemi
6 Soultrade Reccordstore
7 Sing Blackbird
8 Wochenmarkt am Maybachufer (Türkenmarkt)
9 Ankerklause
10 Neuköllner Stoff
11 Nowkoelln Flowmarkt
12 Fräulein Frost
13 SDW Neukölln
14 Rütli Wear
15 Nadelwald
16 Ekstase 51
17 Bullys Bakery
18 Eismanufaktur
19 Misuki
20 Captn Crop
21 Kurz & Klein
22 Sauvage
23 Croissanterie
24 Berlinburger International
25 Al-Jazerra

- Handmade/D.I.Y.
- Shopping
- Essen/Trinken
- Unterhaltung

ca. 150 m

Tourlänge: ca. 7,2 km
Reine Gehzeit: ca. 2 Stunden

KOTTBUSSER DAMM
SCHINKESTR.
SCHÖNLEINSTR
U
BÜRKNERSTR.
SANDERSTR.
PAUL-LINCKE-UFER
FRIEDELSTR.
LIBERDASTR.
MAYBACHUFER
PFLÜGERSTR.
KOTTBUSSER DAMM
PFLÜGERSTR.
REUTERSTR.
LENAUSTR.
HOBRECHTSTR.
URBANSTR.
MANTEUFFELSTR.
WESERSTR.
WESERSTR.
HERRMANNPLATZ
U
START
HASENHEIDE
SONNENALLEE
BRAUNIERSTR.
HOBRECHTSTR.
REUTERSTR.
KARL-MARX-STR.
MAINZER STR.
hier geht's zum Südteil der Tour
1
2
3
4
5
6
7
8
9
10
11
12
13
14
15
16
17
18
19
20
21
22
23
24
25

KreativTour Neukölln

Im Süden der Tourroute geht es vom beliebten Klunkerkranich, hoch über den Dächern Neuköllns, mit lohnenswerten Stopps zum alten Flughafen Tempelhof, wo zwischen einstigen Start- und Landebahnen gesportelt und gegärtnert wird.

26 Klunkerkranich
27 Curious Fox
28 Lavanderia Vecchia
29 Veist Kleidergeschichten
30 Café Engels
31 Allmende-Kontor
32 Picnic Berlin
33 Rundstück Warm

- Handmade/D.I.Y.
- Shopping
- Essen/Trinken
- Unterhaltung

ca. 150 m

hier geht's zum Nordteil der Tour
MAINZER STR.
REUTERSTR.
KARL-MARX-STR.
RATHAUS NEUKÖLLN
U
26
27
28
HERMANNSTR.
FLUGHAFENSTR.
DAMM
BODDINSTR.
U
BODDINSTR.
STR.
MAINZER STR.
WER STR.
29
WEISESTR.
ROLLBERGSTR.
WERBELLINSTR.
MORUSSTR.
HERRFURTH STR.
FALKSTR.
HERMANNSTR.
KIENITZER STR.
ALLERSTR.
WEISESTR.
33
OKERSTR.
ZIEL
LEINESTR.
U
LEINESTR.

Handmade/D.I.Y.

THE HOME PROJECT
Hobrechtstr. 28 · U7/8 Hermannplatz · www.the-home-project.com · Mo-Sa 9.30–16 Uhr

NEUKÖLLNER STOFF
Maybachufer (Kottbusser Damm bis Friedelstr.) · U8 Schönleinstr. · www.neukoellner-stoff.de · Sa 11–17 Uhr

NOWKOELLN FLOWMARKT
Maybachufer 31 (Friedelstr. bis Pannierstr.) · U8 Schönleinstr. · www.nowkoelln.de · jeden zweiten Samstag

SDW NEUKÖLLN
Pflügerstr. 11 · U8 Schönleinstr. · www.sdw-neukoelln.de · 030 51059745 · Di-Fr 10–19 Uhr

RÜTLI WEAR
Pflügerstr. 11 · U8 Schönleinstr. · www.ruetli-wear.de · 030 51059745 · Di-Fr 10–19 Uhr

NADELWALD
Friedelstr. 11 · U7/8 Hermannplatz · www.nadelwald.me · 030 68814731 · Di, Do 10–18 Uhr, Mi, Fr 13–21 Uhr, Sa 13–18 Uhr

CAPTN CROP
Reuterstr. 52 · U7/8 Hermannplatz · www.captn-crop.com · 0175 6296989 · Di-Fr 15–19 Uhr, Sa 14–18 Uhr

ALLMENDE-KONTOR
Tempelhofer Feld, Eingang Oderstr. · U8 Leinestr. · www.allmende-kontor.de und www.thf-berlin.de · tägl. von Sonnenauf- bis Sonnenuntergang

Shopping

BUCHKÖNIGIN
Hobrechtstr. 65 · U7/8 Hermannplatz · www.buchkoenigin.de · 030 22494900 · Mo 11–19 Uhr, Di-Fr 10–19 Uhr, Sa 11–17 Uhr

ÇARIK KURUYEMIS
Kottbusser Damm 73 · U8 Schönleinstr. · Mo–Sa 9–20.30 Uhr

SOULTRADE
Sanderstr. 29 · U8 Schönleinstr. · www.soul trade.de · 030 6945257 · Mo, Mi 11–19 Uhr, Di–Fr 11–20 Uhr, Sa 12–18 Uhr

SING BLACKBIRD
Sanderstr. 11 · U8 Schönleinstr. · www.singblackbird.tumblr.com · 030 54845051 · Mo-So 13–19 Uhr

WOCHENMARKT AM MAYBACHERUFER
Maybachufer (Kottbusser Damm bis Friedelstr.) · U8 Schönleinstr. · www.tuerkenmarkt.de · Di, Fr 11–18.30 Uhr

EKSTASE 51
Friedelstr. 51 · www.ekstase51.de · 030 85075611 · Di-Fr 13–19 Uhr, Sa 13–18 Uhr

MISUKI
Reuterstr. 53 · U7/8 Hermannplatz · www.misuki.de · 030 956 24 267 · Mo-Fr 11–20 Uhr, Sa 13–18 Uhr

KURZ & KLEIN
Nansenstr. 2 · U7/8 Hermannplatz · www.kurz-klein.de · 030 61675372 · Mo-Fr 11–18 Uhr, Sa 11–16 Uhr

CURIOUS FOX
Flughafenstr. 22 · U7 Rathaus Neukölln · www. curiousfox-books.com · 030 52664791 · Mo-Sa 10–19 Uhr

VEIST KLEIDERGESCHICHTEN
Selchower Str. 32 · U8 Boddinstr. · www.veistberlin.com · 030 95606251 · Mo-Fr 14–20 Uhr, Sa 12–18 Uhr

Essen & Trinken

LA FEMME

Pflügerstr. 1 · U8 Schönleinstr. · www.lafemmeberlin.de · 030 53604 059 · Mo-Do, So 12–24 Uhr, Fr-Sa 12–1 Uhr

ANKERKLAUSE

Kottbusser Damm 104 · U8 Schönleinstr. · www.ankerklause.de · 030 6935649 · Mo ab 16 Uhr, Di-So ab 10 Uhr

FRÄULEIN FROST

Friedelstr. 39 · U8 Schönleinstr. · 0179 5380898 · Mo-So 13–20 Uhr, Sa/So 12–20 Uhr (März-Oktober)

BULLYS BAKERY

Friedelstr. 7 · U7/8 Hermannplatz · www.bullysbakery.com · 030 25325500 · Mo-Fr 7–18 Uhr, Sa 9–18 Uhr, So 10–18 Uhr

EISMANUFAKTUR

Weserstr. 6 · U7/8 Hermannplatz · www.eismanufaktur-berlin.de · 0175 5025985 · tägl. ab 12 Uhr (Eisverkauf März-Oktober)

SAUVAGE

Pflügerstr. 25 · U7/8 Hermannplatz · www.sauvageberlin.com · 030 53167547 · Mo-So 18–23 Uhr

CROISSANTERIE

Pannierstr. 56 · U7/8 Hermannplatz · 030 6246079 · Mo-So 7–15 Uhr

BERLINBURGER INTERNATIONAL

Pannierstr. 5 · U7/8 Hermannplatz · www.berlinburgerinternational.com · 0160 4826505 · Mo-Do 12–24 Uhr, Fr-Sa 12–1 Uhr, So 12–22 Uhr

AL-JAZEERA

Sonnenallee 15 · U7/8 Hermannplatz · www.aljazeera-konditorei.de · 030 62725489 · Mo-So 10–22 Uhr

LAVANDERIA VECCHIA

Flughafenstr. 46 · U7 Rathaus Neukölln · www.lavanderia vecchia.de · 030 62722152 · Di-Fr 12–14 Uhr/19.30–23 Uhr, So 19.30–23 Uhr

CAFÉ ENGELS

Herrfurthstr. 21 · U8 Boddinstr. · 030 64499067 · tägl. 10–2 Uhr

PICNIC BERLIN

Tempelhofer Feld, Eingang Oderstr. · U8 Leinestr. · www.picnic-berlin.com · 0177 8973522 · von Frühling-Herbst an Sonnentagen Di-So 12–21 Uhr

RUNDSTÜCK WARM

Okerstr. 40 · U8 Leinestr. · Di-So 16–23 Uhr

Unterhaltung

HÜTTENPALAST

Hobrechtstr. 66 · U7/8 Hermannplatz · www.huettenpalast.de · 030 37305806 · Café Mo-Fr 8–18 Uhr, Sa/So 8–16 Uhr

KLUNKERKRANICH

Karl-Marx-Str. 66 · U7 Rathaus Neukölln · www.klunker kranich.de · 030 666666 · Mo-Sa 10–1.30 Uhr, So 12–1.30 Uhr

Wir starten unsere Tour durch Prenzlauer Berg im Bötzowkiez nahe dem Volkspark Friedrichshain. Über Greifswalder Straße und Prenzlauer Allee hinweg gelangen wir in den Kollwitzkiez mit seinen imposanten Altbauten. Schließlich ziehen wir weiter nach Norden in den Helmholtzkiez und beenden die Tour in der beliebten Kastanienallee.

1 Filmtheater am Friedrichshain
2 Nähkontor
3 Fuchswecker
4 Fachfrau
5 Dimension Alley
6 Kunstschule
7 Schneewitte
8 Buchbox!
9 Boesner
10 Prenzlkasper
11 Abenteuerspielplatz Marie
12 Bar Gagarin
13 Pasternak
14 Hobbyshop Wilhelm Rüther
15 Twinkle Twinkle
16 Unikaterie
17 Lieblingsplatz
18 Kolle 37
19 Khushi
20 Cuffaro

- Handmade/D.I.Y.
- Shopping
- Essen/Trinken
- Unterhaltung

ca. 150 m

Tourlänge: ca. 6,2 km
Reine Gehzeit: ca. 2 Stunden

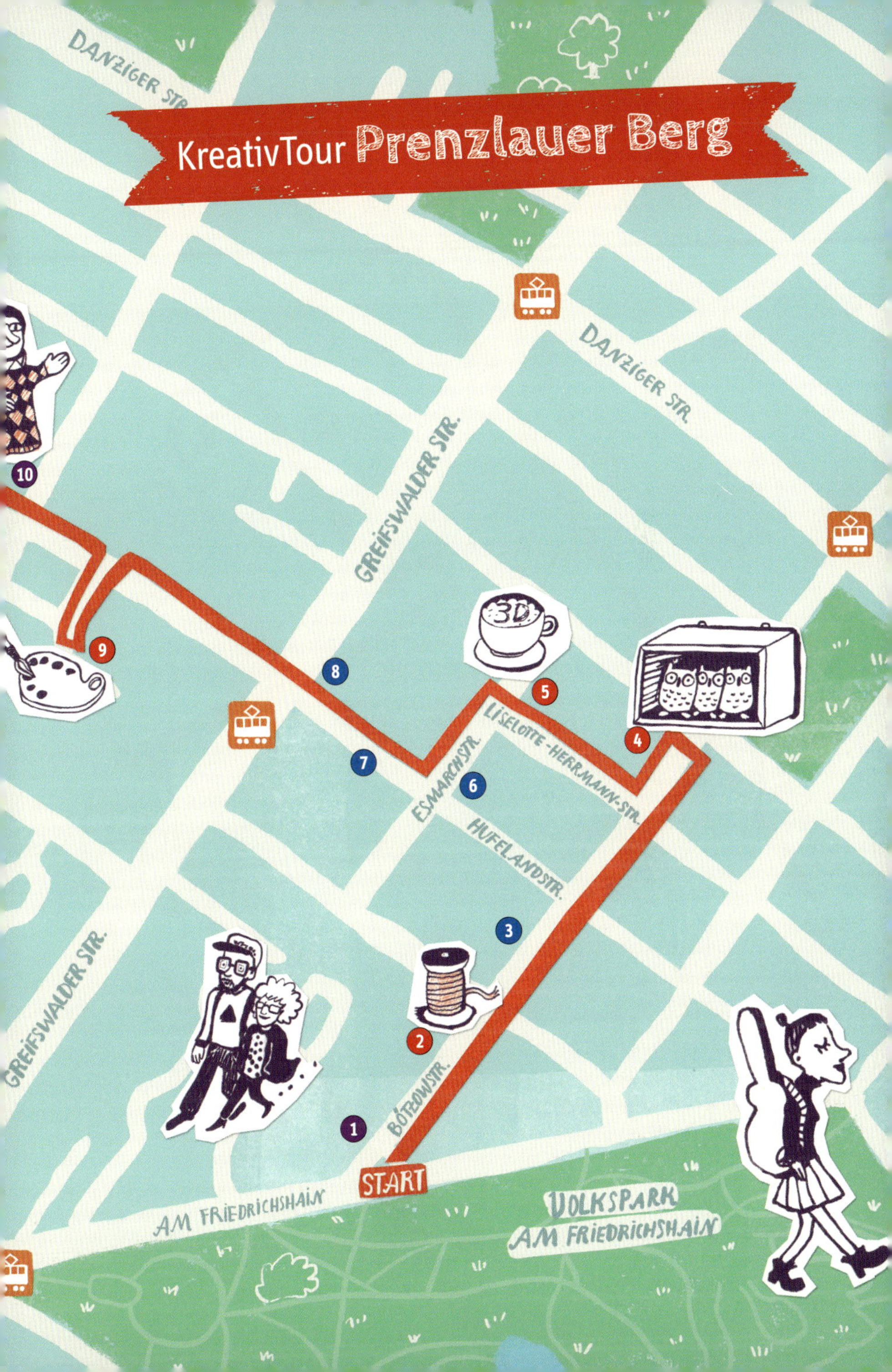
KreativTour Prenzlauer Berg
Danziger Str.
Danziger Str.
Greifswalder Str.
Greifswalder Str.
Liselotte-Herrmann-Str.
Esmarchstr.
Hufelandstr.
Bötzowstr.
Am Friedrichshain
Start
Volkspark Am Friedrichshain
3D
1
2
3
4
5
6
7
8
9
10

WICHERTSTR.
STARGARDER STR.
PRENZLAUER ALLEE
LYCHENER STR.
LETTESTR.
HELMHOLTZPLATZ
RAUMERSTR.
SCHÖNHAUSER ALLEE
PAPPELALLEE
EBERSWALDER STR.
U
SCHLIEMANNSTR.
DUNCKERSTR.
SENEFELDER STR.
MACHMIT!
DANZIGER STR.
ZIEL
RYKESTR.
PRENZLAUER ALLEE
WÖRTHER STR.
KOLLWITZPLATZ
KOLLWITZSTR.
MARIENBURGER STR.
21 Werkstattladen
22 Mach mit! Museum
23 Pomeranza
24 Ratzekatz
25 Wohnzimmer
26 Glaube und Wahrheit
27 Bekarei
28 Näh-Center
29 YOnkel Ork
30 Kochhaus
31 Konnopke's Imbiss
32 Prater Garten
Handmade/D.I.Y.
Shopping
Essen/Trinken
Unterhaltung
ca. 150 m
hier geht's zum Südteil der Tour

Prenzlauer Berg

Handmade/D.I.Y.

NÄHKONTOR
Bötzowstr. 13 · Bus 200 Bötzowstr./M4 Hufelandstr. · www.naehkontor.de · 030 40043550 · Mo-Fr 10–20 Uhr, Sa 11–18 Uhr

FACHFRAU
Bötzowstr. 37 · M10 Arnswalder Platz · www.fachfrau-berlin.de · 030 95604088 · Mo-Fr 11–19, Sa 11–16 Uhr

DIMENSION ALLEY
Liselotte-Herrmann-Str. 1* · M4 Hufelandstr. · www.dimensionalley.com · 030 68008725 · Mo-Fr 10–18 Uhr, Sa 10–16 Uhr

* evtl. Umzug im Nov. 2015

BOESNER
Marienburger Str. 16 · M4 Hufelandstr. · www.boesner.com · 030 40504260 · Mo-Fr 9.30–19.30 Uhr, Sa 9.30–18 Uhr

HOBBYSHOP WILHELM RÜTHER
Kollwitzstr. 54 · U2 Senefelderplatz · www.hobbyshop.de · 030 48492107 · Mo-Fr 9.30–19 Uhr, Sa 9.45–16 Uhr

LIEBLINGSPLATZ
Kollwitzstr. 22 · U2 Senefelderplatz · www.lieblingsplatz.berlin · 030 32596536 · Mo-Fr 10–18 Uhr, Sa 11–16 Uhr

WERKSTATTLADEN
Senefelder Str. 1 · M2/M10 Prenzlauer Allee · www.werkstattladen-berlin.de · 030 44042213 · Mo-Fr 10.30–19 Uhr, Sa 10.30–18 Uhr

GLAUBE UND WAHRHEIT
Schliemannstr. 30 · Tram 12 Stargarder Str. · www.glaubeundwahrheit.de · 030 40003035 · Di-Sa 11–20 Uhr

NÄH-CENTER
Stargarder Str. 15 · Tram 12 Stargarder Str./S Schönhauser Allee · www.naehcenter.de · 030 4452978 · Mo-Fr 10–18.30 Uhr, Sa 10–13 Uhr

Shopping

FUCHSWECKER
Bötzowstr. 17 · Bus 200 Bötzowstr./M4 Hufelandstr. · www.gutesspielzeug.com · 030 28095842 · Mo-Fr 10–18.30 Uhr, Sa 10–14 Uhr

KUNSTSCHULE
Hufelandstr. 13 · M4 Hufelandstr. · www.kunstschule.net · 030 29779361 · Mo-Fr 10.30–19 Uhr, Sa 10–16 Uhr

SCHNEEWITTE
Hufelandstr. 12 · M4 Hufelandstr. · 030 46794779 · Mo-Fr 14–19 Uhr, Sa 11–18 Uhr

BUCHBOX!
Greifswalder Str. 33 · www.buchboxberlin.de · 030 42803245 · Mo-Sa 10–20 Uhr

TWINKLE TWINKLE
Kollwitzstr. 52 · U2 Senefelderplatz · www.twinkletwinkle.de · 030 43735114 · Mo-Fr 12–20 Uhr (Winter 12–19 Uhr), Sa 11–17 Uhr

UNIKATERIE
Kollwitzstr. 52 · U2 Senefelderplatz · www.unikaterie.de · 030 31569124 · Mo-Sa 11–19 Uhr

POMERANZA
Raumerstr. 19 · M2 Fröbelstr. · www.pomeranza-shop.de · 030 48495760 · Mo-Fr 10–19 Uhr, Sa 11–18 Uhr

RATZEKATZ
Raumerstr. 7 · Tram 12 Raumerstraße · www.ratzekatz.de · 030 6819564 · Mo-Sa 10–19 Uhr

YONKEL ORK
Pappelallee 63 · Tram 12 Stargarder Str. · www.yonkelork.de · 030 21466241 · Mo-Do, Sa 11–19 Uhr, Fr 11–20.30 Uhr

KOCHHAUS
Schönhauser Allee 46 · U2 Eberswalder Str. · www.kochhaus.de · 030 577089100 · Mo-Sa 10–21 Uhr

Essen & Trinken

BAR GAGARIN

Knaackstr. 22 (Ecke Rykestr.) · M2 Knaackstr. · www.bar-gagarin.com · 030 4428807 · tägl. 10–1 Uhr

PASTERNAK

Knaackstr. 22/24 · M2 Knaackstr. · www.restaurant-pasternak.de · 030 4413399 · tägl. 9–1 Uhr

KHUSHI

Kollwitzstr. 37 · U2 Senefelderplatz · www.khushi-berlin.de · 030 48493790/-91 · So-Do 12–24 Uhr, Fr/Sa 12–1 Uhr

CUFFARO

Kollwitzstr. 66 · M2 Marienburger Str. · 030 44040499 · Mo-Do 10–20 Uhr, Fr-So 10–22 Uhr

WOHNZIMMER

Lettestr. 6 · M12 Raumerstr. · www.wohnzimmer-bar.de · 030 4455458 · tägl. ab 9 Uhr

BEKAREI

Dunckerstr. 23 · M2 Fröbelstr. · www.bekarei.com · 030 34622230 · Mo-So 7.30–18.30 Uhr

KONNOPKE'S IMBISS

Schönhauser Allee 42 (unter der Hochbahn) · U2 Eberswalder Str. · www.konnopke-imbiss.de · 030 4427765 · Mo-Fr 9–20 Uhr, Sa 11.30–20 Uhr

Unterhaltung

FILMTHEATER AM FRIEDRICHSHAIN

Bötzowstr. 1–5 · Bus 200 Bötzowstr. · www.filmtheater-am-friedrichshain.kino-zeit.de · 030 42845188 · tägl. ab 14 Uhr

PRENZLKASPER

Marienburger Str. 39 · M2 Marienburger Str. · www.prenzlkasper.de · 030 21791060

ABENTEUERSPIELPLATZ MARIE

Marienburger Str. 42/46 · M2 Marienburger Str. · www.schule-an-der-marie.de · 030 44041163 · Sommer Di-Sa 13–20 Uhr, Winter Di-Sa 12–19 Uhr

KOLLE 37

Kollwitzstr. 35 · U2 Senefelderplatz · www.kolle37.de · 030 4428122 · Mo-Fr 12–19 Uhr, Sa 13–18 Uhr (Okt.-April Mo-Fr 11.30–18 Uhr, Sa 13–18 Uhr)

MACH MIT! MUSEUM

Senefelder Str. 5 · M2/M10 Prenzlauer Allee · www.machmitmuseum.de · 030 74778200 · Di-So 10–18 Uhr

PRATER GARTEN

Kastanienallee 7–9 · U2 Eberswalder Str. · www.pratergarten.de · 030 4485688 · Biergarten April-Sept. tägl. ab 12 Uhr, Gaststätte Mo-Sa ab 18 Uhr, So ab 12 Uhr

Notizen

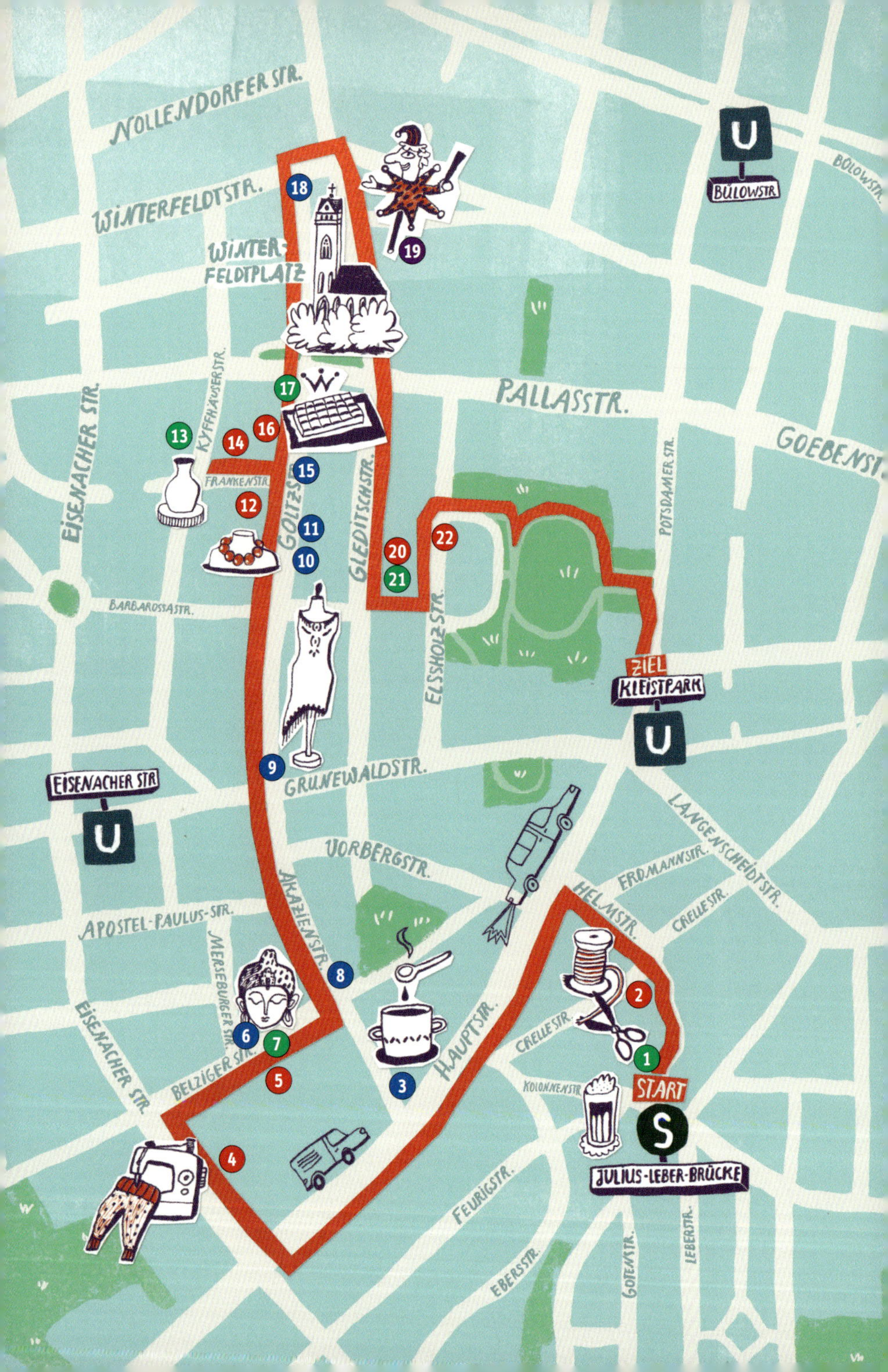

NOLLENDORFER STR.
WINTERFELDTSTR.
WINTER-FELDTPLATZ
BÜLOWSTR.
BÜLOWSTR.
PALLASSTR.
GOEBENSTR.
KYFFHÄUSERSTR.
FRANKENSTR.
GOLTZSTR.
GLEDITSCHSTR.
EISENACHER STR.
POTSDAMER STR.
BARBAROSSASTR.
ELSSHOLZSTR.
ZIEL
KLEISTPARK
EISENACHER STR
GRUNEWALDSTR.
LANGENSCHEIDTSTR.
VORBERGSTR.
ERDMANNSTR.
HELMSTR.
CRELLESTR.
APOSTEL-PAULUS-STR.
AKAZIENSTR.
MERSEBURGER STR.
HAUPTSTR.
CRELLESTR.
EISENACHER STR.
BELZIGER STR.
KOLONNENSTR.
START
JULIUS-LEBER-BRÜCKE
FEURIGSTR.
EBERSSTR.
GOTENSTR.
LEBERSTR.
U
S
1
2
3
4
5
6
7
8
9
10
11
12
13
14
15
16
17
18
19
20
21
22

KreativTour Schöneberg

Unsere Tour durch Schöneberg führt von der Julius-Leber-Brücke über die belebte Hauptstraße zu den ruhigen Straßenzügen rund um Akazienstraße und Goltzstraße hinauf zum Winterfeldtplatz. Zum Abschluss besuchen wir den idyllischen Kleistpark.

1 Ess Eins
2 Volksfaden
3 Kochhaus
4 Smilla
5 Tapetenatelier
6 Tuma Be!
7 Vanille & Marille
8 Papierhaus
9 Mimi
10 Mobilien
11 Chapati
12 Hobbyshop Wilhelm Rüther
13 L'épicerie
14 Bis es mir vom Leibe fällt
15 Sorgenfrei
16 Leon Lazar
17 Winterfeldt-Schokoladen
18 Wochenmarkt
19 Hans Wurst Nachfahren
20 Die Wollnerin
21 Emma & Paul
22 Werkstatt dk

- Handmade/D.I.Y.
- Shopping
- Essen/Trinken
- Unterhaltung

ca. 150 m

Tourlänge: ca. 4,5 km
Reine Gehzeit: ca. 1,5 Stunden

Schöneberg

Handmade/D.I.Y.

VOLKSFADEN

Crellestr. 17 · S1 Julius-Leber-Brücke · www. volksfaden.de · 030 72297057 · Di 10–15 Uhr, Mi-Fr 12–18 Uhr, Sa 11–16 Uhr

SMILLA

Eisenacher Str. 64 · S1 Julius-Leber-Brücke · www.smilla-berlin.de · 030 32591333 · Mo-Fr 10–19 Uhr, Sa 11–16 Uhr

TAPETENATELIER

Belziger Str. 29 · S1 Julius-Leber-Brücke · www.tapeten atelier.wordpress.com · Mi 16.30–19 Uhr, Sa 14–18 Uhr

HOBBYSHOP WILHELM RÜTHER

Goltzstr. 37 · U7 Eisenacher Str. · www.hobbyshop.de · 030 2363683 · Mo-Fr 10–19 Uhr, Sa 10–16 Uhr

BIS ES MIR VOM LEIBE FÄLLT

Frankenstr. 1 · U7 Eisenacher Str. · www.lisad.com/bisesmir vomleibefaellt · 030 23629716 · Mo-Fr 10–19 Uhr, Sa 11–16 Uhr

LEON LAZAR

Goltzstr. 34 · U7 Eisenacher Str. · www.leonlazar.de · 030 21961906 · Mo, Do 10–19 Uhr; Di, Mi, Fr 10–19 Uhr, Sa 10–16 Uhr

DIE WOLLNERIN

Gleditschstr. 45 · U7 Kleistpark · www.die-wollnerin.de · Mo, Mi-Fr 10–18 Uhr, Di 12–18 Uhr, Sa 10–15 Uhr

WERKSTATT DK

Elßholzstr. 11 · U7 Kleistpark · www.claudia-scholl.de · 030 33855058 · Mo-Mi 9–12 Uhr und nach Vereinbarung

Shopping

KOCHHAUS

Akazienstr. 1 · S1 Julius-Leber-Brücke · www.kochhaus.de · 030 577089100 · Mo-Sa 10–21 Uhr, So wechselnd

TUMA BE!

Belziger Str. 26 · U7 Eisenacher Str. · www.tuma be.de · 030 76768924 · Mo-Fr 11.30–18.30 Uhr, Sa 11–16 Uhr

PAPIERHAUS

Belziger Str. 18 · U7 Eisenacher Str. · www.cailun.de · 030 78954404 · Mo-Fr 10–19, Sa 10–16 Uhr

MIMI
Goltzstr. 5 · U7 Eisenacher Str. · www.mimi-berlin.de · 030 23638438 · Mo-Fr 12–19 Uhr, Sa 11–16 Uhr

MOBILIEN
Goltzstr. 13b · U7 Eisenacher Str. · www.mobilien-berlin.de · 030 71538675 · Mo-Fr 11–19 Uhr, Sa 11–18 Uhr

CHAPATI
Goltzstr 13b · U7 Eisenacher Str. · www.chapati.de · 030 23639676 · Mo-Sa 11–19 Uhr

SORGENFREI
Goltzstr. 18 · U7 Eisenacher Str. · www.sorgenfrei-in-berlin.de · 030 30104071 · Di-Fr 12–19 Uhr, Sa 10 –18 Uhr, So 13–18 Uhr

WOCHENMARKT WINTERFELDTPLATZ
U1–4 Nollendorfplatz · www.winterfeldt-markt.de · Mi 8–14 Uhr, Sa 8–16 Uhr

Essen & Trinken

ESS EINS
Kolonnenstr. 56 · S1 Julius-Leber-Brücke · 030 78891794 · Mo-Fr 8.30–24 Uhr, Sa/So 10–24 Uhr

VANILLE & MARILLE
Belziger Str. 24 · U7 Eisenacher Str. · www.vanille-marille.de · 030 78954731 · März-Oktober 12–22 Uhr

L´ÉPICERIE
Kyffhäuserstr. 21/Ecke Frankenstr. 4 · U7 Eisenacher Str. · www.epicerie-berlin.de · 030 30023068 · Mo-So 10–20 Uhr

WINTERFELDT-SCHOKOLADEN
Goltzstr. 23/Ecke Pallasstr. · U7 Eisenacher Str./U1–4 Nollendorfplatz · www.winterfeldt-schokoladen.de · 030 23623256 · Mo-Fr 9–20 Uhr, Sa 9–18 Uhr, So 12–19 Uhr

EMMA & PAUL
Gleditschstr. 47 · U7 Kleistpark · www.emma-paul.de · 030 23628368 · Mo-Fr 09.30–18.30 Uhr, Sa, So 10–18.30 Uhr

Unterhaltung

HANS WURST NACHFAHREN
Gleditschstr. 5 · U1_4 Nollendorfplatz · www.hans-wurst-nachfahren.de · 030 2167925

Dieser Beileger ist Teil des Buches „KreativReise Berlin",
erschienen im frechverlag Stuttgart.
www.topp-kreativ.de

1. Auflage 2015

ISBN 978-3-7724-5185-0